黄保欣先生纪事

庄顺能　邱昭阳　编著

厦门大学出版社　国家一级出版社
XIAMEN UNIVERSITY PRESS　全国百佳图书出版单位

图书在版编目（CIP）数据

黄保欣先生纪事 / 庄顺能，邱昭阳编著. -- 厦门：
厦门大学出版社，2023.6
ISBN 978-7-5615-9007-2

Ⅰ．①黄… Ⅱ．①庄… ②邱… Ⅲ．①黄保欣（
1923—2019）－传记 Ⅳ．①K825.38

中国版本图书馆CIP数据核字(2023)第101049号

出 版 人 郑文礼
责任编辑 薛鹏志 陈金亮
封面设计 张雨秋
技术编辑 朱 楷

出版发行 厦门大学出版社
社 址 厦门市软件园二期望海路 39 号
邮政编码 361008
总 机 0592-2181111 0592-2181406(传真)
营销中心 0592-2184458 0592-2181365
网 址 http://www.xmupress.com
邮 箱 xmup@xmupress.com
印 刷 厦门市明亮彩印有限公司

开本 787 mm×1 092 mm 1/16
印张 16.75
字数 300 千字
版次 2023 年 6 月第 1 版
印次 2023 年 6 月第 1 次印刷
定价 180.00 元

厦门大学出版社
微信二维码

厦门大学出版社
微博二维码

黄保欣先生（1923—2019）

1998年香港特别行政区行政长官董建华为黄保欣颁发大紫荆勋章

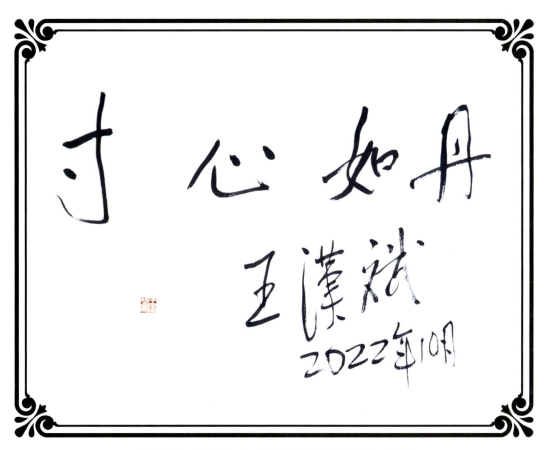

寸心如丹

王汉斌（全国人大常委会原副委员长）题词

桑梓之光
業界翘楚

陈荣春（福建省政协原副主席）题词

序 一

梁振英

正月刚过,香港摆脱连续三年多疫情的阴霾,到处都是一片重新出发、积极向上的景象。此时我收到友嘉兄的短信,着我为他父亲黄保欣先生的纪念集供稿。几天后,我收到并且仔细看了保欣先生生前演讲的选集,时值春雨时节,润物无声,我凝目感怀,思绪万千。

我和保欣先生认识于1985年,当年基本法咨询委员会成立,同在基咨委的执行委员会共事。1988年,我被选任为秘书长,和保欣先生交往更多。基本法起草工作完成后,在安子介先生的倡议下,"一国两制"经济研究中心成立,为在后过渡期准备落实基本法规定做政策研究工作,保欣先生是副主席,我兼任秘书长。之后又同在香港特别行政区筹备委员会预备工作委员会和筹备委员会效力,继续为香港回归祖国、为统一大业的进程贡献力量。

回首香港百年,仿若弹指一瞬;回顾保欣先生一生,大忠伟节,并不言过。他的功勋固然值得大书特书,但我最敬重的是他身上的"为天地立心、为生民立命"的中国知识分子精

1

神，以及厚德载物的儒商品格。

正是这种精神和品格，促使保欣先生挺身而出，立言立功。他敢于在1949年10月1日，在港英政府治下升起五星红旗；敢于在1980年在港英立法局就香港问题凛然直言："香港本来就是中国的领土，必须回归。"这种精神和品格赋予他强烈的历史担当和使命感。他公而忘私，投身基本法起草和香港回归的工作；临危受命，化解大亚湾核电站的议论质疑。中英两国在达成《关于香港新机场建设及有关问题的谅解备忘录》后，又躬身领导组织临时机场管理局，建设如今享誉全球的香港国际机场。

保欣先生为人豁达谦厚，对后辈提携诱导，不遗余力。君子如兰，保欣先生处事坚毅，宅心仁厚，后辈昵称他为"保欣叔"。

今天国际风云变幻，国家蓄势而起，香港需要更加积极主动融入国家发展大局，我们每一个人需要更加积极有为、勇于担当、敢于牺牲。追忆保欣先生的音容笑貌，感受他立身行道、一生效忠报国的精神，保欣先生是我们后辈学习和追随的典范。愿与大家共勉。

2023年2月17日

（梁振英，现任十四届全国政协副主席）

序 二

张宗益

　　建校百余年来，厦门大学筚路蓝缕、栉风沐雨，先后为国家培养了50多万名毕业生，造就了一大批优秀的科学家、教育家、企业家和社会活动家。这些校友犹如一粒粒种子，将母校"爱国、革命、自强、科学"的优良校风传播至五湖四海，以"感恩、责任、奉献"的深厚情怀，饮水思源、惠及桑梓，为报效国家和造福人类贡献己力。黄保欣学长便是其中最为杰出的校友代表之一。

　　黄保欣学长是香港知名实业家、著名爱国爱港人士。他一生学识渊博、品行高洁，赤心报国、情深义厚，以其九十六载人生历程躬身践行"要对得起自己是一个中国人"的坚定信念，堪为世人楷模。

　　黄保欣学长1923年出生于福建惠安，从小天资聪敏，颖悟过人。因生逢乱世，亲历民族蒙难，自幼便立志成才报效祖国。1941年，他考入国立厦门大学化学系。在厦大内迁长汀办学时期，他深受陈嘉庚先生倾资办学和萨本栋校长舍身治校的精神感召，在艰苦卓绝中积雪囊萤、砥砺品格。毕业后他赴港谋生，以诚待人、以信立业，深孚众望，成就"塑胶原料大王"的美誉。实业发达后他毅然弃商从政，曾任香港特别行政区基本法起草委员会委员、香港特别行政区筹备委员会委员、全国人大常委会香港特别行政区基本法委员会副主任、第九届和第十届全国人大代表等重要公职，为香港特别行政区基本法起草、新机场和大亚湾核电站建设倾智倾力，对香港繁荣稳定、祖国改革开放和现代化建设贡献卓著。

黄保欣学长功成名遂，初心如磐，乐善好施，泽被后世，令人敬慕。在家乡惠安，一座座楼宇、一项项基金无不倾注着学长倾心教育、扶掖后学的拳拳善心。在厦门大学，屹立于芙蓉湖畔的"保欣丽英楼"，作为学校新世纪标志性建筑之一，也镌刻着学长伉俪爱校荣校的殷殷深情。学长曾任厦门大学香港校友会荣誉会长，并两度出任香港校友会理事长，为母校校友会事业发展和旅港校友会建设做出卓越贡献。学长曾于母校建校90周年之际，以88岁高龄重返厦大校园，并携夫人吴丽英校友在香港《文汇报》刊登《厦门大学六十周年纪念歌》，礼赞母校九秩荣光，激励厦大人永远"自强不息，止于至善"。

黄保欣学长热爱祖国，以国家民族利益为依归；热爱香港，为治港兴港鞠躬尽瘁；热爱故土，热心公益助教兴学；热爱母校，慷慨襄助泽被后学。他用实际行动践行"嘉庚精神"，赢得社会各界的高度赞誉。香港特区政府授予其大紫荆勋章，以示褒奖；福建省人民政府为其立碑铭记，以彰后人。学长美德懿行，厥功至伟，其爱国、爱港、爱乡、爱校的大爱善举永垂青史，代代流芳。值此黄保欣学长诞生100周年，厦门大学旅港校友会与泉州台商投资区、香港惠安同乡总会联合推出《黄保欣先生纪事》一书，以图文并茂的艺术形式追忆其光辉人生，致敬其不朽功勋，恰逢其时，意义重大，影响深远。

我们常说，只有校友的成功，才是一所大学最终的成功。黄保欣学长以其自身的成功为母校做了最好证明。他是厦门大学的骄傲，更是一代厦大人的光辉典范。学长光明磊落、厚德流光、赤子忠心、光风霁月，值得全体厦大人永远怀念！

2023年5月10日

（张宗益，厦门大学校长、校友总会理事长）

目 录

九秩功勋
德誉如虹

1945年厦门大学化学系毕业照

01

题 诗

北围经始孰能俦？ 叱咤风云七十秋。

立命立心追骥尾，亦商亦政展鸿猷。

仰怀垂训情难已，痛失宗师恨不休。

一片丹心报家国，香江闽水思悠悠。

骆志鸿（香港惠安同乡总会永远荣誉会长）

品格贤才泰岱高，机场管理不辞劳。

更兼核电膺双主，为港荣归贡献多。

政商领袖两超群，学贯中西北斗尊。

桂馥兰馨堪告慰，紫荆花发获殊勋。

毕生爱国爱家乡，捐助梓桑更富强。

寿近期颐留典范，千秋万世播芬芳。

孙礼贤（香港惠安同乡总会名誉会长）

星沉月落野云寒，偕圣魂登天国滩。

北遽蒙奇朝露碎，西归赴召夕阳残。

香江出众跨双界，故垒闻名留一丹。

赤子荣膺勋衔颂，青松下埔润苍峦。

骆愉（中华诗词学会会员）

香浒春凉晋水寒，缅思乡哲敬而叹。

纵横宦海无穷志，叱咤商场不畏难。

合浦还珠功汗马，紫荆树木沥胸肝。

百年冥寿人同忆，家国情怀一寸丹。

姚庆才（香港诗词学会理事、书法家）

助医兴学数捐金，筑路修祠仰赤忱。

薄海行看秋日好，香江转恨暮星沉。

百年名姓犹身在，十里溪山复梦寻。

别后啼鹃听夜雨，啼鹃夜雨故园心。

黄鹏顺（紫云锦田黄氏宗亲会会长）

资深望重德声隆，天下谁人不识翁？

香港回归商国是，新区崛起济宏功。

方闻高铁梦成遂，孰料耆英寿竟终。

精选真金三十吨，泉州东站铸黄公！

郭廷玺（《惠南文化》执行主编）

春声何事作秋声，一派凄凉入紫荆。

云暗明珠愁不尽，波翻维港意难平。

纵横商界建鸿业，驰骋政坛留美名。

爱国爱乡功卓著，长教四海哭先生。

吴水景（南安诗词学会会长）

四十年前闻令名，大觉山青。泛舟香港师商圣，业塑胶、日上蒸蒸。与修基本法，德望双馨。

二十年前始识荆，深水湾平。往来赤鱲知凡几？小车轮子频更。盛筵同笑语，耳畔回萦。

陈忠义（泉州师范学院教授）

黄保欣先生事略

　　黄保欣先生，1923年出生于福建省惠安县张坂镇下埔村（今属泉州市台商投资区）。父亲黄润苍是惠安著名的西医，母亲骆柿，敦厚和善，乐于助人，二人抚养了九个子女成人。黄保欣先生生逢乱世，国家和民族所遭遇的磨难，深深烙印在他的心里。他从小成绩优异，1945年毕业于厦门大学化学系，与同是厦门大学毕业的同学吴丽英相互仰慕才华和人品，缔结缘谊，于1946年1月结婚，相伴一生。二人育有六个子女，各有所成。

　　黄保欣先生从小希望做工程师、教师或研究工作，但却在时代浪潮中，因缘际会而滞留香港，转而从商，于1958年成立联侨企业，从事其专长的化工产品业务。1974年，香港塑胶原料商会成立，作为业界翘楚的黄保欣先生被推举为商会主席。在他的推动和同业者的共同努力下，香港塑胶产品成为当时香港的三大支柱产业之一，黄保欣先生也因此赢得了"塑胶原料大王"的称号。

　　随着香港经济起飞，对社会建设人才的需求也与日俱增，既有理论又有实践经验的黄保欣先生便于此间脱颖而出，积极投身公共和社会事务。正如日后香港城市理工学院授予黄保欣先生名誉工商管理学博士学位的赞词中所述："他所致力管理的是比工商业务还要广泛的香港事务，香港人都为有这样一位公而忘私的市民感到荣幸。"

　　1972年至1978年，黄保欣先生以香港中华厂商联合会代表身份获委任为香港贸易发展局委员，多次率团访问欧洲、美洲、日韩及东南亚国家，开拓香港的海外市场。英女王于1977年颁授OBE勋章（大英帝国官佐勋章）予黄保欣先生，表彰他

全家福（摄于1961年）

对香港工商业发展及促进香港对外贸易的贡献。1980年，黄保欣先生被委任为太平绅士，并应邀以个人身份再次出任香港贸易发展局委员，任期达十年之久。其间他专注担任中国贸易咨询委员会主席，全力为贸发局拓展内地工作，推动在北京、广州等地设立办事处，加强与内地的中国国际贸易促进委员会及各省市分会的联系。

1979年，黄保欣先生获任香港立法局非官守议员。在任的九年里，作为立法局财务委员会及工务建设小组成员，黄保欣

1974年9月，香港代表团赴法国巴黎途中，在瑞士苏黎世合影
左起：安子介、简悦强、黄保欣

先生提出很多事关香港经济发展及财政预算的重大问题并促成其解决。1987年，英女王授予黄保欣先生CBE勋章（大英帝国司令勋章），表彰他在立法局财务委员会的贡献。

黄保欣先生重视教育，尤其牵挂香港高等教育，曾先后担任香港浸会学院校董会与校务议会主席及香港大学校董。他在香港浸会学院于1994年正名为香港浸会大学的过程中担当了重要角色。同年，黄保欣先生荣获香港浸会大学授予的荣誉社会科学博士学位。黄保欣先生情系桑梓，先后为母校厦门大学及泉州培元中学捐资兴建教学大楼。

1994年，黄保欣获香港浸会大学荣誉社会科学
博士学位后与夫人吴丽英合影纪念

  1982年，中英政府将香港回归问题提到议程上，立法局就香港问题展开辩论时，黄保欣先生义正词严地表示，香港本是中国的领土，必须回归。当英国人侵占香港期限结束的时候，没理由再让中国人继续蒙受历史遗留下的耻辱。1985年，香港特别行政区基本法起草委员会成立，黄保欣先生受命担任委员，参加政制和经济两个小组的工作，并担任经济专题小组的港方召集人。黄保欣先生带着强烈的使命感，全身心地投入这项光荣而神圣的工作，直至1990年，全国人大通过基本法以后才功成身退。

1993年11月，香港城市理工学院授予黄保欣先生名誉工商管理学博士学位

1993年，香港城市理工学院授予黄保欣先生名誉工商管理学博士学位。在赞词中，学院给他这样的评价："作为一位成功的企业家，黄保欣先生服务于香港社会大众已数十年，自从投身参与公务起，他经营的企业错过了这段时间里出现的许多机会，在进展上没法达到应有的速度。但是他所致力管理的是比工商业务还要广泛的香港事务，香港人都为有这样一位公而忘私的市民感到荣幸。授予黄保欣先生名誉工商管理学博士学位乃是恰当的，是受之无愧的。"

与此同时，中国的华南地区有两项世界瞩目的大工程，一项是香港机场，另一项是大亚湾核电站。黄保欣先生对这两个工程项目的建设和运营都倾注了大量的心力。中英政府于1991年就香港新机场建设达成协议后，成立了香港新机场及有关工程咨询委员会，在中英双方皆享有声望和影响力的黄保欣先生众望所归，获任委员会主席，负责监督工程计划的实施。正式的机场管理局成立后，黄保欣先生被委任为机场管理局首任主席，为香港国际机场发展成为今天的全球航空枢纽打下良好的基础。

1988年至2005年，黄保欣先生出任广东大亚湾核电站核安全咨询委员会主席，亲身搜集和研究了大量资料，更实地考察了不同的核电设施，促成了大亚湾核电站的安全建设及营运。

1988年，黄保欣先生在广东大亚湾核电站核安全咨询委员会成立典礼上讲话

继1992年被聘请为香港事务顾问后，黄保欣先生于1995年被委任为香港特别行政区筹备工作委员会委员，继续参加政制和经济两个小组的工作，直到1997年7月1日香港回归，并于当日在北京接受全国人大常委会委任的香港特别行政区基本法委员会副主任职务。这一天是黄保欣先生最为忙碌、最自豪的一天，与很多中国人一样，也是永生难忘的一天。

香港回归后，黄保欣先生为了基本法在香港的顺利实施不遗余力，并连续当选第九届、第十届港区全国人大代表，为香港持续繁荣稳定和国家民主法治建设做出了重要贡献。1998年，香港特区政府为表彰黄保欣先生长期为香港社区及公共服务做出的杰出贡献，授予他大紫荆勋章，而他更被世人亲切尊称为"保欣叔"。

黄保欣先生一生贡献卓著，纵横商界、政坛数十年，得享耆寿九十六岁。黄保欣先生曾接受传媒访问，在谈到一生中担任的不同角色时表示："角色有转变，但在心里是一样的，做一个中国人，尽量为国家服务，希望国家好……国家培养了我们，所以我们觉得是欠了国家一辈子，应该要还的。回过头来看，就是要对得起自己是一个中国人。"

1999年，在北京出席新中国成立五十周年国庆宴会上

中国闽台缘博物馆
China Museum for Fujian－Taiwan Kinship

2006年5月27日，中国闽台缘博物馆开馆剪彩嘉宾，右三为黄保欣先生

　　时任福建省委书记卢展工在中国闽台缘博物馆开馆剪彩时让剪一幕至今仍让人津津乐道，人们高度赞扬黄保欣先生是位德高望重、深受人们敬重而且可亲可爱的仁者长者。

　　2006年5月27日，中国闽台缘博物馆经过一年半的艰辛努力，如期竣工。当日，举行隆重的庆典仪式，国家领导人、中央有关部委和省市领导、海内外嘉宾及本地各界人士近万人共庆竣工。

　　剪彩的前一刻，出现了一幕令人难忘的插曲。当主持人宣布有请全国政协副主席张克辉，中宣部副部长、中央外宣办主任蔡武，省委书记卢展工，省长黄小晶，省政协主席梁绮萍等为博物馆剪彩时，卢展工书记起身后突然发现黄保欣先生也在主席台上，他立即请黄保欣先生前来并递上手中的金剪子请他剪彩，众目睽睽之下，正感却之不恭时，眼疾手快的工作人员即刻递上一把剪子。掌声雷动，省委书记与黄保欣先生在同一格上剪彩。其实主办方事前曾恳请黄保欣先生剪彩，但他为人低调谦逊，不愿坐在前排并参剪。

　　省委书记的礼让，足以证明黄保欣先生无论在香港还是内地，都是一位深受各界尊敬和爱戴、魅力无限的长者和政坛元老。

2006年5月27日，在中国闽台缘博物馆前留影

2006年5月27日，
在中国闽台缘博物馆
二楼大厅留影

接受记者采访

　　对于一生中有那么多的角色转变，黄保欣先生在接受内地东南卫视专访时，曾经动情地说："角色有转变，但在心里是一样的，做一个中国人，尽量为国家服务，希望国家好。我在念大学的时候，是战争时期，吃饭也不要钱，学费也不需交，什么都不要钱。国家培养了我们，所以我们觉得是欠了国家一辈子，应该要还的。回过头来看，就是要对得起自己是一个中国人。"这句话正是这位长者拳拳报国之心的真实写照。

2006年5月27日，中国闽台缘博物馆开馆场景

寸心如丹
德炳千秋

黄保欣先生说："参与基本法的起草工作，认识不少心仪已久的'猛人'，不枉此生。"这张照片一直挂在黄保欣先生的办公室

少时立志 进取不息

　　黄保欣先生，1923年出生于福建省惠安县张坂镇下埔村（今属泉州市台商投资区）。其父黄润苍，曾任惠安仁世医院副院长，后为惠安县医院西医师。其母骆柿，务农。润苍、骆柿育有七男二女，分别为淑欣（女）、保欣、明欣、哲欣（中群）、瑞欣、景欣、主平、婉欣（女）、主怀。黄保欣先生排行第二，长子。儿时放牛、割草，在惠安贫瘠的土地中成长。他先就读于县城教会时化小学，后进泉州培元中学，中学12个学期，有10个学期为班级第一名，后考上国立厦门大学。1945年毕业于厦门大学化学系，曾到位于永安县的福建省研究院工业研究所当研究生，先后在厦门双十中学、晋江南侨中学、惠安惠南中学任教。

　　黄保欣先生自小受父亲严格的教育，恪守"正直、诚信、立志、进取、有节"十字家训，谨记父亲训示"男儿欲遂平生志，六经勤向窗前读"，将"闻鸡起舞莫长叹，忧患仍须惜好春"和"天下兴亡，匹夫有责"作为自己的座右铭，勖勉自己自强不息，努力上进。

　　黄保欣先生一生习惯勤奋读书，常夜以继日攻读不息，公务再繁忙，读书也从未停止，书不离身，手不释卷，而且涉猎甚广，阅读的书卷也是包罗万象，无论经史子集、诗文传记，还是经济、哲学，无论中文版还是英文版都孜孜不倦地细品精读，求知欲之旺盛已到了令人称羡的境界。

　　除了知识学业，其父亦注重锤炼黄保欣先生的体魄和意志。从小学时代起，黄保欣先生就养成天天锻炼身体的好习惯，方有2004年潇洒的"惊人一踢"。是年泉州培元中学为庆祝百年校庆，举办"保欣杯"国际中学生足球赛，黄保欣先生年已耄耋，学校邀请黄保欣先生为球赛开球，先生灵动潇洒地一踏一踢，令在场数千名海内外嘉宾和观众惊叹不已。

黄保欣先生在张坂镇上塘下埔村的故居

　　唐初，黄守恭献地兴建开元寺。后来他的次子黄纪迁到这里居住，把这个地方称为"黄田"。古之黄田里，即今之后边、上塘等村，为惠安黄氏祖籍地。千余年来，人文蔚兴，瓜瓞绵绵。

　　唐黄纳裕，五代黄禹锡，宋黄宗量、黄岩孙等黄家优秀的子弟，先后考中进士，尤以侍郎黄纳裕的侄女黄厥，被闽王王审知选聘为妃。王审知子延钧继位，尊封其母黄厥为太后，且驾临黄田，拜谒母后家庙，游灵秀山，诏改灵秀山为美女峰，更是千古美谈，流传遐迩。其黄氏宗祠有联："唐朝赐爵联三世，宋代登科五百人。"

　　钟灵毓秀，黄保欣就出生在这一美丽灵秀山麓下的上塘下埔自然村。

珍贵的老照片：全家照（摄于1942年）

后排左起：黄淑欣、吴丽英（黄保欣妻）、黄保欣、黄爱、黄润苍、黄哲欣、黄明欣

中排左起：骆柿、李梅（黄润苍母亲）、黄主平、黄瑞欣、黄景欣

前排左起：黄婉欣、黄主怀

黄润苍、骆柿夫妇与五个儿女的合影（摄于1936年）

前排左起：黄淑欣、黄保欣、黄明欣、黄哲欣、黄瑞欣

黄保欣先生每次回家省亲，最让他难以忘怀的是一张出生床、门口那棵龙眼树，回忆起来依然让他暖意融融。

黄先生说："小时候长辈们非常疼爱我们，每当爷爷在龙眼树下自斟自酌地瓜酒时，我时不时凑过去，总能得到几粒花生或别的小菜奖赏。高兴的时候爷爷还会逗着让我喝一点烧酒，辣得我直吐小舌头。有一次我对爷爷酒杯底仅剩的小半杯酒产生兴趣，于是用手指着埕围外过道叫嚷：'阿公，看，外面来了一个人，不晓得找谁！'爷爷的眼睛刚离开酒杯，我就将那点酒咕噜喝掉。爷爷却一点也不气恼，反而乐呵呵地摸着小仙胡：'哈哈，真巧（闽南语，意为聪明），会耍阿公啦。'有时趁着高兴，爷爷还给我讲有趣的小故事，讲掌故，例如灵秀山改称美女峰的掌故，神童黄宗量七岁写诗的葆光池……至今让我留下难以磨灭的美好印记。"这些"江山留胜迹，我辈复登临"的童年览胜，成为黄保欣先生终身受益不竭的养分。

童年时代的农家生活，让黄保欣先生养成了敬畏天地、关注民生的优秀品质。几十年后，他出席全国人民代表大会时，联署提交议案，建议取消历朝历代征收了二千多年的"皇粮国税"——农业税。

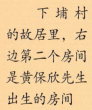

下埔村的故居里，右边第二个房间是黄保欣先生出生的房间

黄润苍、骆柿夫妇与六个儿女合影（摄于1940年）

前排左起：黄明欣、黄景欣、黄哲欣、黄瑞欣、黄保欣

后　　中：黄淑欣

前排左起：
骆柿、
黄润苍、
林格力

后排左起：
黄婉欣、
黄主怀、
黄瑞欣、
黄主平、
黄淑欣

黄润苍（1899 — 1969）、骆柿（1898 — 1960）合影

　　如果说精湛的医术是一位医生安身立命的资本，那么高尚的医德就是医生悬壶济世的职业操守。黄润苍医生就有这样一颗众口皆碑的医德仁心。

　　时常在三更半夜或风雨交加的恶劣天气，危重患者不便到医院就诊，润苍老先生总是不分昼夜、不计辛劳，立即策马或乘轿亲往病患家中诊治，其匆匆的行迹遍及惠安的深巷及山村。时至老先生已辞世约半个世纪的今天，惠安本地还流传着"黄润苍跌进乌缸（当地人对粪坑的俚称）——没有裤子换"这样一句歇后语。说的是有一次他深夜出急诊时，摸黑不慎，一脚踩进粪坑里。因其身材高大魁梧，一时竟找不到合身的裤子替换。但他一点也不当一回事，直到从容地为病人诊治完毕才想起该换换裤子了。

2012年清明节，锦溪小学全体师生深切缅怀黄润苍先生

2012年清明节，黄保欣先生合家祭拜黄润苍先生

在惠安县医院黄润苍纪念室与弟弟瑞欣（右一）交谈

获颁中国人民抗日战争胜利70周年纪念章

黄保欣夫妇在惠安县医院黄润苍纪念室与弟弟妹妹合影

　　润苍老先生和夫人骆柿育有子女9人。他们立下"正直、诚信、立志、进取、有节"十字家训。润苍老先生事业有成，享有很高的社会声望，善于相夫教子的骆柿老太太为人正直、敦厚和善、乐于助人，其优良品德深受亲朋好友和当地民众的称道。正是因为有殷实的经济基础和良好的家庭教育，在父母亲的言传身教辛苦栽培下，黄保欣先生七兄弟、二姐妹个个笃学争先，全部以优异成绩考取高等学府。大学毕业以后都成为各自服务行业的栋梁之材，在各自所从事的专业中做出贡献，取得骄人的业绩。

在出生的床前留影

　　"摇篮血迹"，那是从母亲身上流下的滴血印记，一头连着母亲和出生地，一头连着游子行走千万里。从乳臭未干到白发苍苍，从翩翩少年到耄耋老人，呱呱坠地时第一声啼哭的出生地永远是魂牵梦绕的地方，永远是让海外游子惦念的地方。这种"摇篮血迹"情结，在黄保欣先生情感里是永远挥之不去的，是忘却不了的，那是对乡土特有的眷念，是对父母养育恩情永生难忘的凝聚。因此，黄保欣先生每有机会回家省亲，都要坐在他出生的床上，深情地追忆曾经的一切。正因黄保欣先生如此念旧、念情，事业有成后，积极为家乡公益事业做贡献。

2003年9月，三兄弟在故居前合影，左起：黄瑞欣、黄保欣、黄哲欣

2003年，于故居合影

在故居与四弟瑞欣（前排左一）及女儿们合影

与妹妹（右一）、四弟夫妇合影

故居前合影

在泉州培元中学百年校庆上致辞

　　黄保欣先生非常喜欢阅读，他曾在百年培元庆典会上说："在香港尽管公务繁忙，但读书从未停止。从中徜徉文化的知识海洋，激荡思想，启迪智慧，激励人生。即使在出差途中，我的行李箱中总放有一两本书，有时间就见缝插针读上几页。历史经典、诗文艺术、哲学宗教、地理人文等包罗万象，而且古今中外兼收并蓄，中英文版等都是阅读的对象。"

泉州培元中学安礼逊图书楼

　　泉州培元中学是所海内外享有很高知名度的名校，于1904年由英国基督教长老会募捐，聘请英国人、剑桥大学毕业生安礼逊（A.S.Moore Anderson）来泉州创办的，至今独享两位伟人的题词：中国民主革命先驱孙中山在1920年11月为培元中学题词"共进大同"，意为赞扬并鼓励办好培元中学，使师生共为世界大同而奋进；中华人民共和国名誉主席宋庆龄1980年5月为培元中学题词"为国树人"。

　　说起来，培元中学和两位伟人还颇有渊源呢。清光绪年间，孙中山先生在英国伦敦活动，宣传革命，被清政府派人秘密逮捕，监禁在清政府驻伦敦公使馆，准备押送回中国处治。当时安礼逊的父亲任伦敦警察总监，因同情中国革命，得知此事后，会同英国外交部出面干涉，迫使清公使馆将孙中山先生释放，安礼逊与孙中山两人由此结缘。1920年1月，孙中山先生带头向培元中学捐大洋20元，并亲题"协兴教育"于捐册扉页，后来又分别和夫人为学校题了"共进大同"和"为国树人"。

1935年，泉州培元中学在大春巷新建的牌坊式校门"延年门"

如今校门在泉州市区新华北路

　　2004年，泉州培元中学为庆祝百年校庆，举办"保欣杯"国际中学生足球赛，已是82岁高龄的黄保欣先生为足球赛开球，灵动潇洒地一踏一踢，令在场数千名海内外嘉宾和观众惊叹不已。

　　2007年，黄保欣先生等在当年（1939年）培元中学因战乱暂迁校址（原德化县教会小学）前留影

　　左起：陈娟娟、叶晓梅、庄仁哲、庄绍冰、庄顺能、黄保欣、朱团能、涂健圻、邱昭阳、颜遐遗、曾文卓

　　1938年5月，日本占领厦门，泉州风云紧急，黄保欣先生就读的泉州培元中学先迁到南安九都，一年左右又搬去德化，借用一间教会小学。一学期后，因遭日本飞机轰炸，几名小学生被炸死，又搬到永春蓬壶，后来又迁到南安九都仰钦校舍。

黄保欣（前排左四）与泉州培元中学第五届校董事会成员合影

19世纪70年代前的厦门大学图书馆

1943年，部分老师、同学在内迁长汀的厦门大学校门前合影（黄保欣：前排左二）

黄保欣（左一）走访他捐资的惠南中学，兴建以父亲名字命名的实验楼，并留影纪念

在惠安青山祖庙

参加张坂中学郑渊碰综合楼奠基仪式

左起：郑文伟、郑锦昌、骆志鸿、黄保欣、李欲晞

学以致用
塑胶称王

黄保欣夫妇（摄于1958年经营联侨企业时）

　　1948年初，黄保欣先生以厦门大学化学系学士、福建省研究院工业研究所研究生的身份来到香港。

　　黄保欣先生在香港先历经十年的职员生活，这十年是初识商场的十年，是积聚的十年。经过缜密的思考，1958年，他与夫人吴丽英共同创办了香港联侨企业有限公司。从代理塑胶原料、电池、搪瓷和橡胶厂所用原料及其他化学品的贸易经营开始，后创办工厂、建货仓，扩展投资业务，企业向多元化发展。1972年又创办了人造皮革厂，是当时除日本以外亚洲第一家人造皮革厂。

1974年，为了提高塑胶原料商的业务水平和增进彼此间的合作，黄保欣先生牵头成立了香港塑胶原料商会，并担任商会主席，在职时间长达15年。任职期间，他引领会员企业撇开无序竞争，加强联谊，注重磋商合作，提供最新和最佳的原料、技术信息、市场情报，协助厂商开拓新市场，改进设计和提高技术水平，开发新产品，提高产品精密度，推动塑胶产品不断向多样化、多功能、高质量迈进，促使香港塑胶产品成为香港三大支柱产业之一，出口数额排在全港各类产品第二位，塑胶玩具排在世界第一位。

黄保欣先生拥有专业的化学知识，对市场动态与规律有灵敏嗅觉，经营联侨公司取得出色成就，因对香港塑胶业的贡献，赢得"塑胶原料大王"的美誉。同时，黄保欣先生公而忘私，把企业发展重任全权交给太太，而将主要精力和大部分时间用于社会公务，并在诸多领域广有作为，深得广众认可和敬重，人们都喜欢称呼他"保欣叔"。

黄保欣夫妇与儿女合影

1962年，黄保欣先生在日本参观三井聚合化学株式会社化工厂时留影

其实，黄保欣先生既有学者细胞，也有商业头脑。1948年离开福建到香港，挨了10年的职员生涯，1958年开始创办联侨企业，搞自己的化工本行：从事塑胶原料贸易，办塑胶工厂。1972年办起日本以外亚洲第一家生产人造皮革的工厂。凭着对市场的敏锐嗅觉和专业知识，他很快就赢得业内"塑胶原料大王"的称号。

黄保欣夫妇在香港参加产品推广会

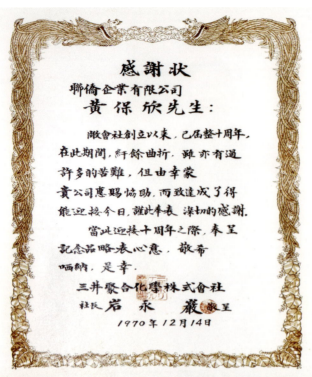

1970年，日本三井聚合化学株式会社社长岩永严先生为黄保欣先生十年来对贸易互助的友好支持致以感谢状

1979年9月，黄保欣先生（左）到日本进行贸易拓展活动

1970年，港九塑胶制造商联合会第七届理监事就职典礼与嘉宾合照，黄保欣先生（右二）时为名誉顾问

1981年在香港工业器材展览会上，黄保欣先生作为主礼嘉宾致辞

1985年，香港贸发局代表团在巴黎做推广活动，右四为黄保欣先生

热爱祖国不是简单喊喊口号的空头支票，而是要出之于心志，见之于步伐。黄保欣先生说："我搞投资，回报是要考虑的，但赚钱并不放在首位。办工厂会使更多同胞受益，让更多需要工作的、需要生活出路的同胞有去处，并且能为国家扩大发展经济的基础。总之，更有利于强国富民。"

1984年，香港塑胶原料商会十周年会庆酒会，时任主席的黄保欣先生（前排左七）
与夫人吴丽英女士（前排左八）参加庆酒会

参加展览会留影

1986年，黄保欣、吴丽英伉俪在香港接待甘肃省招商洽谈代表团

1992年，黄保欣在香港与泉州招商团进行项目签约
前排左起：黄保欣、杨俊峰
后排左起：吴丽英、余茂桂、周惠源、陈营官、
　　　　　黄可嘉、黄友嘉、郑宗杰、詹汉民

在香港参加欢迎泉州市商业代表团宴会

与香港联侨公司同事合影

黄保欣（前排左五）出席香港惠安同乡总会举办的欢迎宴会

1998年，黄保欣先生出任亚洲电视主席

黄保欣先生参与主要社会及公共事务

名　称	职　务	时　间
香港中华厂商联合会	副会长	1964—1979年
香港工商业咨询委员会	委员	1972—1980年
香港贸易发展局	（委员）理事	1972—1978年、1980—1989年
香港塑胶原料商会	主席	1974—1989年
香港工业村管理局	成员	1977—1984年
香港廉政公署防止贪污咨询委员会	委员	1977—1979年
香港立法局	议员	1979—1988年
香港业主与租客（综合）条例检讨委员会	委员	1979—1988年
香港贸易咨询委员会	委员	1980—1983年
香港工业总会理事会	委员	1980—1985年
香港贸易发展局中国贸易咨询委员会	主席	1981—1992年
香港工业发展委员会	委员	1983—1984年
香港经济事务研究委员会	委员	1983—1988年
香港浸会学院校董会	主席	1987—1989年
香港特别行政区基本法起草委员会兼任经济专题小组	委员、港方召集人	1985—1990年
香港演艺发展局	委员	1985—1991年
香港大学校董会	校董	1985—1988年
香港职业训练局	副主席	1986—1988年
广东大亚湾核电站核安全咨询委员会	主席	1988—2019年
"一国两制"经济研究中心	副主席	1990—1999年
"一国两制"研究中心顾问委员会	主席	1999—2019年
香港新机场及有关工程咨询委员会	主席	1991—1995年
香港事务顾问	港事顾问	1992—1997年
香港特别行政区筹备委员会预备工作委员会	委员	1993—1995年
香港机场管理局	主席	1995—1999年
香港特别行政区筹备委员会	委员	1996年
全国人民代表大会常务委员会香港特别行政区基本法委员会	副主任	1997—2005年
全国人民代表大会常务委员会第九届	港区人大代表	1998年
全国人民代表大会常务委员会第十届	港区人大代表	2002年

与其说黄保欣先生是一位企业家，不如说他更像是一位服务香港社会的"义工"。多年来，他担任的社会公职达数十个。从20世纪60年代担任香港中华厂商联合会会董，70年代担任香港贸易发展局理事，80年代担任香港立法局议员，到90年代担任港事顾问、香港特区筹备委员会委员，可以说近三十年香港政治和经济生活中几乎所有的大事，黄保欣先生都参与其中，发挥着自己应有的作用。

1987年，港督卫奕信为黄保欣先生授予英女王（CBE）勋章

　　黄保欣先生说："做生意第一要很有信用，不要掺假，答应的事情就要做到。还有就是要财务健全，我从没有钱开始做生意，但从来不在财务方面出问题。在香港英治的时候，我拿了两个勋章，其中一个是1987年授予的英女王（CBE）勋章，其目的就是专门感谢我在立法局财务委员会上的贡献。那个时候，我一直说，香港地方小，政府花的钱不能太多，他们花的钱超过GDP的18％的时候，我就建议降到15％。经过努力，最后降到了16％左右。"

香港回归
重任委身

　　黄保欣先生长期秉持"回报社会是我一生不懈追求"的信念，因对社会经济学的卓识，1985年，受命担任香港特别行政区基本法起草委员会委员，参加政制和经济两个小组的工作，担任经济专题小组的港方召集人。之后，又担任全国人大常委会香港特别行政区基本法委员会副主任。

　　基本法起草历时四年八个月，各项会议达117次。这期间，他既全身心地投入基本法的草拟，又悉心尽力解释宣传基本法，让人们尽知起草委员会制定的基本法是保证香港继续繁荣昌盛的大法，让少数抱着怀疑曲解甚而仇视的人，慢慢地明白清醒过来。他在1995年11月5日接受《人民日报》的记者采访时说："从内容到形式都很符合香港的实际，体现了香港的根本利益，令人相当满意。"

　　黄保欣先生带着强烈的使命感，上下奔走，全心全意投入香港回归的工作中，呕心沥血，为香港顺利回归及日后持续繁荣和稳定做出了杰出贡献。从香港回归当天他的行程就可领略到其心怀祖国的绵绵赤子心。1997年6月30日晚，在滂沱的大雨中，黄保欣先生参加了英国方面的告别仪式、告别宴会，中英交接仪式，行政长官宣誓，立法会议员宣誓等，到家已是凌晨3点。7月1日早7点又赶到机场前往北京，中午接受全国人大常委会委任的香港特别行政区基本法委员会副主任职务，随即开会，通过一项建议——建议全国人大常委会表决通过将基本法

75岁高龄时

附件三列入在香港特别行政区实施的全国性法律，由此成了香港特别行政区的法律依据。这样密集的行程，对已75岁高龄的他是何等重负，但他却欢欣疾行。正因为有一颗无限赤子心，一脉中华情，让黄保欣先生再苦再累也开心，再苦再累也年轻。

聘　　书

　　兹聘 黄保欣 先生为香港事务顾问，任
期自一九九二年三月十一日起至一九九四
年三月十日止。

国务院港澳办公室主任 〔印〕　　新华社香港分社社长 〔印〕

一九九二年三月十一日　北京

　　黄保欣先生为人刚正，坚持原则，勇于直言。

　　1982年，中英政府将香港问题提到正式议程上来，立法局就香港问题展开辩论。黄保欣直言："香港本是中国的领土，必须回归。"

　　英国主张香港回归后，对香港的管治权再由英国保留30年，他坚决表示反对："当年中国人民为了夺回家园，与日本侵略者进行八年浴血奋战。今天，当英国人侵占香港的期限结束的时候，没理由再让中国人继续蒙受历史遗留下的耻辱。"

　　这位从贫瘠的惠安乡村走出来的强者，登上立法局的讲台，用流利的英语做正式陈词，他义正词严地重申香港本来就是中国的领土，是被英国侵占的！

　　这一切充分体现了这位爱国者的赤子之心。

　　根据一九九七年六月二十七日第八届全国人民代表大会常务委员会第二十六次会议的决定，任命 黄保欣 为全国人民代表大会常务委员会香港特别行政区基本法委员会副主任。

委员长 乔石

第　0002　号　　　　　　一九九七年七月一日

根据一九八五年六月十八日
第六届全国人民代表大会常务委
员会第十一次会议的决定，任命
黄保欣为中华人民共和国香港特
别行政区基本法起草委员会委员。

委员长

一九八五年六月十八日

第 0049 号

　　黄保欣先生担任港方召集人的经济专题小组共有14位委
员，当时内地委员召集人为勇龙桂先生。经济专题小组人才济
济，如中国银行原副行长李裕民和霍英东、李嘉诚、查济民几
位先生，他们都是经济专家和工商界著名人士，其他委员的代
表性、专业性都很强。

　　根据"一国两制"方针，强调内地实行社会主义制度，香
港保持资本主义制度长期不变。因此，在起草基本法经济一章
中，黄保欣先生郑重提出三条建议，之后在基本法的经济法类
一章中都有体现。

　　其一，维持目前的经济制度，处处体现"不变"的原则。
在政府开支上，坚持"量入为主"原则，政府开支要与香港居
民收入相协调，毕竟国家不用香港上缴税收，香港特区政府资
金较为充足。

　　其二，"香港外汇不受管制"，外汇在香港进出方便，投
资人就没有顾虑，有利企业发展。

　　其三，香港继续实行低税政策，能留住外来资本和香港本
地资本，资金不流失，保证香港经济持续释放活力。

根据二〇〇三年三月十九日第十届全国人民
代表大会常务委员会第一次会议的决定，任命
黄保欣为全国人民代表大会常务委员会香港特
别行政区基本法委员会副主任。

委 员 长 吴邦国

第 0002 号　　　　　　　　　　二〇〇三年八月二十七日

　　"我很荣幸参与这项具有历史意义的工作，当初我们都是带着一种强烈的
历史使命投入起草工作。"回想起基本法起草四年零八个月的历程，黄保欣先
生把这看成是一生最难忘的岁月。他说，起草制定基本法是一件非常有意义的
事情，20多位香港委员与内地委员近五年合作的过程也是增进了解、建立信
任的过程，彼此由最初开会时语言表达上存在差异到后来有了深入沟通，达
成共识。

　　起草过程的民主化令黄保欣先生印象深刻，到基本法拿出草案，委员会举
行全体会议、主任委员会议、整体工作会议、专题小组会议等各项会议达117
次。会外还几上几下，广泛征求意见。起草过程中有个小插曲：基本法第112
条和第119条中关于"不实行外汇管制"和"注意环境保护"这两项内容，在
初期草案中没有规定。他在征集各人意见时普遍也有反映，他认为这两条很重
要，于是他在会上提出来，通过会议讨论，最后写进了条文中。

　　1984年2月，中英两国政府就香港回归问题在北京举行谈判后，撒切尔夫人到香港向立法局议员介绍中英谈判情况后举行晚宴时，时任立法局议员的黄保欣先生用英语直言不讳："你与北京的谈判，要以大家都是友好的国家朋友来协商解决历史上的问题，假如用很强硬的态度，你做不了的，你只能用比较妥协的态度去做。"撒切尔夫人手持酒杯，侧耳入神倾听。

2012年7月，在香港接受《信报财经》月刊记者采访时

2012年7月，在接受《信报财经》月刊记者采访时，记者问及"您是近代香港政坛元老，一生最得意是什么"，黄保欣先生说，这一生有机会参加基本法的起草过程很值得，尤其是认识不少心仪已久的内地著名学者、专家，如经济学家勇龙桂，见证东京审判日本战犯的法学家裘劭恒，科学家钱伟长等，可说今生无憾。

1998年10月12日，香港特区行政长官董建华先生宴请"一国两制"经济研究中心理事

　　自古以来，农业税作为"皇粮国税"，已经面对农民征收了几千年。黄保欣先生认为，经济发展到现在的水平，不但应该适时取消，以减轻农民负担，条件允许的时候，还要反哺输血农村。

　　"我生长在农村，看到我妈要交田赋税，可是我父亲是做医生的，也没见他纳税。"所以在全国人大代表分组讨论时，黄保欣先生屡次建言，呼吁取消由农民负担的农业税费。经过各界各层级的共同努力和推动，学界和业界对于逐步取消农业税问题渐渐有了共识，也引起了中央高层的重视。条件和时机终于成熟了，黄保欣先生经过认真调研，和其他几位代表联署了建议取消农业税的议案。

　　2005年12月29日，十届全国人大常委会第十九次会议通过决定，自2006年1月1日起废止《中华人民共和国农业税条例》。这个在我国延续了2600多年的古老税种宣告终结。会场内，热烈的掌声经久不息；会场外，充满喜悦的欢呼声紧随电波迅速传遍大江南北、长城内外。取消农业税标志着国家与农民关系实现了由取到予的历史性转变，不但立竿见影减轻了农民负担，可喜地转变了农村干群关系，而且其后所进一步推进的多予少取放活农村综合改革，一系列强农惠农富农政策的相继出台落地，有效促进了农村生产力的解放。

在香港家中客厅

親愛的瑞欣弟：

　　全家好！

　　蒙　您全家三代爲我當選爲香港回歸祖國後第一任全國人民代表大會代表發來的祝願及鼓舞，回顧先父生前的榮耀，確實令後人銘記。感謝家人一直以來關心與支持！

　　　　並祝

全家聖誕快樂，萬事如意！

　　　　　　　　　　　　　　大哥保欣

一九九七年十二月九日

1997年，黄保欣先生当选为第九届港区全国人大代表。

黄保欣先生说："我第一次到北京开全国人大会议的时候，当场流泪了。小时候，国家落后，我父亲常跟我讲，要为国家发展做贡献。所以当了全国人大代表后，我当时有种想法，全国人大代表在香港不需要太多活动，在香港我也担任公共职务，但其实最感兴趣的还是内地发展。"

　　喜讯传回内地，保欣先生的胞弟瑞欣先生一家人激动不已，深为自豪，第二天就给他发了封热情洋溢的贺信：

亲爱的大哥、大伯父、大伯公：

　　48年前——1950年，父亲（祖父、曾祖父）荣任福建省惠安县第一届人民代表大会代表，光荣出席解放后人大第一次会议，为故乡惠安的社会主义建设做出突出的贡献。

　　1997年12月8日，您光荣当选为香港回归祖国后第一任全国人民代表大会代表。祝愿您与其他35位代表一道，为香港的繁荣稳定、持续发展继续献计献策、参政议政。

　　祝您

　　圣诞快乐，身体健康！

　　　　黄瑞欣、张碧云、黄祁、黄然、
　　陈美华、黄璐茜（孙女）
　　　　　　　　　　1997年12月9日

众望所归 主建机场

　　为了迎接21世纪，保持香港经济和国际航空中心地位，加上香港启德机场已逐渐不适应新时代的发展需要，因此建设新机场就成为中英双方共同的目标和任务。黄保欣先生以非凡的才华和人缘，平实、公正的为人，以及多年参与香港财经和公共建筑的工作经验，深受中英双方高层的认可，特任香港机场管理局主席，负责香港大屿山赤鱲角新机场客运大楼及其他设施的具体建筑工作。

　　在机场建设的整个过程中，由于是合作项目，难免遇到各式各样的问题。其间黄保欣先生都在扮演着重要的中间人角色。他精细沟通，融洽了中英双方的很多意见，使这项投资1700多亿港元的浩大土木工程，能够在短短七年内完成，刷新世界基建史的新纪录，并成为20世纪世界十大工程之一。这是黄保欣先生用智慧和才能，为香港、为祖国，成功构筑的一座人类幸福的里程碑。

　　1998年7月2日，国家主席江泽民为新机场建成和启用揭幕。为表彰黄保欣先生对香港所做的突出贡献，香港特区政府向他颁发了"大紫荆勋章"。

　　成功的事业和对社会的积极贡献，让黄保欣先生获得很多殊荣。如荣获英女王颁授的OBE和CBE勋章、太平绅士、名誉工商管理学及荣誉社会科学博士学位、中外多个城市的荣誉市民称号等。林林总总，一串串花环和一个个桂冠，为海内外有目共睹，上下皆知，深受社会的尊重和认可，深孚众望。

1995年12月1日，黄保欣出任香港机场管理局主席，与管理局成员合影

黄保欣先生担任这一关系到香港未来的职务，是几经筛选、众望所归的。有人说，他是中英双方一致认同唯一跨越"九七""坐直通车"的人物。对于担任多个社会公职的黄老来说，机场管理局主席的职务也是涉及面最广、责任最重、意义最大的。能肩负这项光荣使命，亲身投入这项世界罕见的伟大建设，他深感荣幸！

香港赤鱲角国际机场全貌

　　黄保欣先生于1995年12月1日上任机管局主席。机管局成立前，"临时机管局"已运作，大多数重要签约已批出，正式成立的机管局就是"执行合约"。也就是要确保在28个月内，新机场多项工程按期完成，预期在1998年4月正式启用。

　　为了机场如期竣工投入使用，年逾70的黄保欣先生不知疲倦地奔波于工地和各个部门办公地点，督促检查工程进度。

　　1998年4月新机场主体工程在预算启用期内如期竣工。7月2日，国家主席江泽民为香港新机场建成和启用揭幕。7月6日，机场正式启用。

为了机场建设，年逾70的黄保欣先生不知疲倦地奔忙于工地和各个部门办公地点

黄保欣先生
亲自体验新机场
开通

1998年6月，黄保欣先生检查新机场竣工典礼前的各项准备工作

1999年香港新机场第二跑道启用时留影纪念（左六为黄保欣先生）

1997年2月20日，黄保欣先生与其他负责人乘坐一架由启德机场起飞的小型飞机，成功降落在赤鱲角机场跑道上。这是新机场工程的一个重要里程碑，也是他人生道路上的一个重要里程碑

　　1999年3月23日，黄保欣先生（左二）和办公室经理谭仲豪前往美国内华达州拉斯维加斯举行的1999年建筑博览会，接受香港新机场被评选为20世纪世界十大工程之一的荣誉。他的女儿少嘉及孙子也就近参加，组成"香港代表团"。

领奖现场

1999年5月，黄保欣先生退休时，香港机场管理局赠送一幅画，以表敬意

2009年10月1日，黄保欣先生受邀出席新中国成立六十周年庆典

2009年9月，86岁高龄的黄保欣先生接到统战部的电话，问他要不要到北京观看国庆60周年典礼。黄保欣先生很高兴，但却有点孩子气地说："这次是用海外交流会的名义请我（因考虑到年长者可能不方便），还通知说70岁以上的不安排10月1日的活动，那就是说不能去观礼台看阅兵了。"紧接着，他又笑了："不过，在北京饭店看看也不错了。"

在天安门广场观看国庆焰火表演

在北京参观军事博物馆

2009年，在北京参观展览馆

主动作为
为国解忧

　　大亚湾核电站是我国首座大型商用核电站。当年筹建时，由于大亚湾距离香港只有50公里左右，为此，香港居民对核电站的环保及安全问题疑虑重重，加上1986年苏联的切尔诺贝利核电站发生严重事故，更使港人忧虑恐惧不安，反对声不断，甚至有的驻港机构上书中央下马大亚湾核电站项目。

　　为加强与香港公众的沟通，根据国务院指示，由香港有关专业（知名）人士和内地专家成立"大亚湾核电站核安全咨询委员会"，委任黄保欣先生为该会主席。自此，核电站从筹建、建造到建成投用，整个过程凝聚了黄先生全部心血。凭着黄保欣的四女儿毕业于美国伊利诺伊大学，并取得物理学博士学位，毕业后在美国核电建设部门工作，为他提供了许多核电数据，加上他个人的大智大勇、勇于负责、刚直敢言的个人品质以及胸怀豁达的独特魅力，他主动作为，深入宣传解释和疏导引导，以诲人不倦的态度，说服怀疑生畏的香港民众，为核电站的安全顺利运营做出突出的贡献。

难怪当年邓小平同志在听取驻港某机构负责人关于核电站建设存有疑虑的报告时批评说："你的胆识还不如香港的黄保欣先生！"

广东大亚湾核电站外景

1988年8月12日，广东大亚湾核电站核安全咨询委员会成立，王全国董事长向黄保欣先生颁发聘书

1988年，黄保欣先生主持大亚湾核电站核安全咨询委员会记者招待会

任广东大亚湾核电站核安全咨询委
员会第一届委员，冒雨考察大亚湾核电站

第四届安咨会成立会暨第四届第一次会议

1992年，第四届安咨会成员考察中国核动力研究院和西南物理研究所

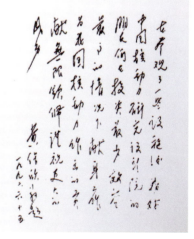

黄保欣主席为核动力研究院题字

聘書
GNPJVC

誠聘黃保欣先生爲廣東大亞灣核電站

第五屆核安全咨詢委員會主席

廣東核電合營有限公司
一九九九年二月五日

2000年，第五屆安咨會成員考察連云港田湾核电站

广东大亚湾核电站
第六届核安全咨询委员会成立会暨第一次会议

第六届安咨会成立会暨第六届第一次会议

　　我为两座电站取得的良好业绩感到高兴，这证明了大亚湾核电运营管理公司的运作是成功的。在合营公司、岭澳公司以及运营公司卓有成效的努力下，核电站的生产和建设都取得了世人瞩目的成绩，进一步加强了委员们对中国核电发展的信心和对从业者的敬意。

　　——黄保欣主席在第六届安咨会上的发言

黄保欣先生在主持安咨会会议

2007年，黄保欣名誉主席拜访住深圳的核电老领导、集团高级顾问昝云龙先生、安清明先生，运营公司总经理高立刚先生、副总经理殷雄先生，安咨会秘书王鸿轩先生出席陪同

2008年，黄保欣名誉主席拜访大亚湾核电基地核电老领导、集团高级顾问昝云龙先生、安清明先生、戴庆宇先生，运营公司总经理处长申先生、副总经理殷雄先生出席陪同

1988年8月安咨会成立，二十年后（2008年），
老咨委相聚，畅谈曾经一起工作的岁月

我一生的角色虽常有转变，但在心里是一样的，就是做一个中国人，就该尽量为国家服务，希望国家好。念大学的时候，战争时期，吃饭不要钱，学费也不需交，什么都不要钱。国家培养了我们，所以觉得是欠了国家一辈子，应该要还的。回过头来看，就是要对得起自己是一个中国人。

——黄保欣先生

黄保欣先生出生时，惠安正处于积贫积弱、兵匪祸乱、民不聊生的年代。青少年时的磨炼，让他对生活的艰难、社会环境状况有了很深的体会，幼小心灵就播下了对这片土地和乡人感受与热爱的种子。他一生时时处处关注家乡的建设和乡亲的福祉，慷慨捐资，兴办公益事业。他常说："我一生的角色虽常有转变，但在心里是一样的，就是做一个中国人，就该尽量为国家服务，希望国家好。"

或许是受家庭的影响，黄保欣先生自小就对国家和民族有深厚的感情。他说："九一八事变时我正读小学，就画过一张东三省地图，提醒自己这是祖国的领土。"大学毕业后，他在厦门双十中学教书，其间发生学生运动，当时他就私自停课，让学生参加厦门大学学生组织的游行。

　　1949年10月1日，新中国成立时，黄先生怀着对祖国的眷念，竟在他的香港公司升起一面自制的五星红旗。后来在北京开会谈到升旗的问题，港澳办的人证实，当时全香港只升两面五星红旗，足以证明他对祖国的拳拳深情。

　　1978年，我国实行改革开放，黄保欣先生敏锐地感到祖国将迈向富裕振兴的道路，作为中华儿女，报效祖国的时候已经来临了。他即领风气之先，怀着对祖国和家乡的炽热情怀，抱着对祖国改革开放政策的坚定信念，投资15万美元扩建惠安纺织厂，投资17万美元在惠安合资兴建惠侨塑料制品厂，为全省首例香港和内地合资企业。随后又投资2000多万港元，在厦门创立厦门联侨公司。

　　1992年，他又将20世纪70年代在香港创办的人造皮革厂搬进深圳，成立了联侨合成皮革（深圳）有限公司，并增加投资6000万港元，引进设备、扩大生产，被广东一带同行称为"老大哥"企业。同年，他深感福建经济发展受电力不足的制约，毅然投资5000万美元，兴建第二期的漳平发电厂。

　　他常说："我搞投资，首先不是考虑赚钱，而是为了强国富民。办工厂会使更多同胞受益，并且能为国家扩大发展经济的基础，让更多需要工作、需要生活出路的同胞有去处。"同时，先生认为一个国家、一个民族要发展，要进步，必须教育为先，大力培养人才。　因此他尤其热心教育事业，一直关注和牵挂香港和内地教育。他在香港的立法局会上，多次呼吁香港要发展高等教育，现存两所（香港大学、香港中文大学）不够，要7所，如今也都已实现。他还先后担任浸会学院校董会主席、香港大学校董和香港理工学院工商管理课程毕业生协会赞助人，做了许多实质性工作，付出极大努力。

对内地的教育事业，他也是倾尽全力支持。尽管自己企业做得不是很大，个人财富也有限，但他仍然慷慨捐资，兴办教育。因此，自1981年以来，他先后捐资3000多万元人民币，为厦门大学、泉州培元中学、惠安惠南中学、张坂中学、锦溪小学、上塘小学等学校筹建科学实验大楼、图书馆、教室、宿舍，或设立奖学金。为此，黄保欣先生还获"福建省捐赠公益事业特别突出贡献奖"金质奖章及省政府立碑表彰。

1991年8月，惠安一中校友总会代表在香港合影，从左至右：陈荣春、曾纪华、黄保欣、骆瑶庭、骆志鸿

新中国成立当日，全香港只升两面五星红旗，即同属张坂的黄氏乡亲黄长水先生、黄保欣先生在各自公司升起一面五星红旗。

黄长水先生香港永乐街148号泉昌公司　　　　　黄保欣先生香港永乐西街219号建昌公司

　　1949年10月1日，中华人民共和国成立的当日，黄保欣先生冒着巨大的政治风险，在他所在的香港永乐西街219号二楼建昌公司升起一面五星红旗。此举引来了一批又一批市民驻足观看。与此同时，惠安同乡黄长水先生在香港创办的泉昌公司也升起了一面五星红旗。两位同属张坂的黄氏乡亲，不约而同组合成一支"香港双簧管"，成为最早在香港升起五星红旗的勇敢者，演绎了香港历史的一段佳话，至今传诵不绝。后来在北京黄先生谈到升国旗问题，港澳办的人证实，当时全香港只升两面五星红旗。要知道香港那时还受英国的殖民统治，各种政治势力交错染指，做出如此旗帜鲜明的动作是需要极大的勇气和担当的。同样是一位泉州华侨的白雪娇，那一天也在马来西亚槟城上空升起第一面五星红旗。正是这样一个举动，马来西亚当局认为她是中共嫌疑分子，将其逮捕，并在1951年驱逐出境。

黄长水先生，
新中国成立当日下
午，作为华侨界爱
国民主人士，参加
开国大典，在天安
门城楼上观礼

2009年10月1
日，黄保欣受邀出
席新中国成立六十
周年庆典，在天安
门左侧观礼台留影

1985年，黄保欣先生创立的厦门联侨
企业有限公司（位于厦门湖里工业区）

　　1984年，受福建省委书记项南的邀请，黄保欣先生率林格力等人考察了厦门市、福州市和泉州市。考察期间，省特区开发办林开钦主任以及省委政研室、省经贸委给予了高规格接待。他们先后下榻于厦门宾馆一号楼、西湖宾馆一号楼，考察了厦门建发公司和位于鼓浪屿内厝沃的第三塑料厂。在福州，项南书记建议黄保欣先生独资设厂，不一定要合资。

　　经过一年多的努力，1985年，终于完成厦门联侨企业有限公司（独资）、惠安惠侨塑料制品有限公司（合资）、深圳天海企业有限公司（与航天航空工业部江汉公司合资）的所有注册、成立手续，并于当年底正式投产。紧接着，1986年完成了与中国石油化工部兰州化学工业公司在厦门的合资，金桥塑胶企业有限公司也顺利成立。

黄可嘉和姑姑婉欣陪同五姑奶奶黄群英（中）参观厦门联侨厂房

　　他对当时接待他的内地官员直抒心扉："我希望多做一些对家乡、对祖国和香港有益的事情。"作为港商在内地办厂的先驱，1985年四大经济特区刚刚草创，他就捷足先登，投资2000多万港元在厦门经济特区湖里工业区兴办了厦门联侨有限公司。厦门联侨引进国外先进设备，实现了当年开工、当年开业投产、当年受益，解决了250多名员工的就业。随着生产规模的扩大，又多次增加人员和设备，成了厦门特区的"双优企业"。

　　后来联侨公司的管理人员告诉我，黄保欣先生20世纪90年代初期在泉港石化基地拿了几百亩的地，原计划投资1亿元，建成以塑料及其他石油化学品加工出口工业为主的综合开发区。因为种种原因，计划受到耽搁，地方政府过意不去，主动建议可把那些地通过适当程序转为商服用地开发房地产。对这种别人求之不得的好事，黄保欣先生毫不心动，婉言谢绝了地方政府的好意，选择了退款还地的方式。那块放了好几年的土地不知早已升值多少了！那位管理人员惋惜地说，类似的事情并非孤案，黄保欣先生在和厦门等地的合作时也发生过。

2005年，黄保欣先生领队第七届安咨会成员，考察他投资兴建的福建漳平发电厂

2000年9月，黄保欣先生与时任福建省副省长兼厦门市市长的朱亚衍（左一）、省委常委兼厦门市委书记洪永世在厦门合影

1996年12月18日，"为表彰黄保欣、吴丽英对厦门市经济建设、社会发展事业、对外友好交往做出的突出贡献"，厦门市市长洪永世签发授予他们"厦门市荣誉市民"证书

　　1992年，以张家坤副省长为团长的福建省招商洽谈代表团赴港招商，为解决家乡福建经济发展长期受困于电力不足的瓶颈制约，黄保欣先生毅然投资5000万美元兴建漳平发电厂二期项目。1994年，漳平发电厂二期项目如期落成正式投产，取得了很好的社会效益和经济效益。

2001年4月，黄保欣先生在厦门大学80周年校庆暨"嘉庚楼群"落成庆典上讲话

　　黄保欣先生热爱桑梓，对家乡文化教育事业关心尽力。他慷慨捐资为老家锦溪小学设立奖教金和奖学金，在张坂中学建置以母亲名字命名的教学实验楼，在惠南中学兴建以父亲名字命名的实验楼。又为母校泉州培元中学早日实现教学目标兴建"黄润苍教学楼"。1995年是他和夫人吴丽英女士于厦门大学毕业50周年，这年6月，夫妇俩共同向母校捐赠港元500万元，兴建"保欣丽英楼"。这是厦门大学通过国家"211工程"专家评审后收到的第一笔捐款。在校方举行的隆重受赠仪式上，他做了感人肺腑的发言，他说："我和丽英均于1945年毕业，几十年来我们对母校心存感激，图求一报，今天是如愿了！"

厦门大学校长陈传鸿同黄保欣校友（前左）亲切交谈

　　2001年4月，厦门大学发给黄保欣先生聘任书："无论在香港或内地，先生都是一位深受各界尊敬的企业家和社会活动家。先生爱国、爱乡、爱校，对母校的发展和建设十分关心，并倾力相助。鉴于先生的社会知名度和在企业界的杰出贡献，我们诚聘先生担任母校工商管理学院的名誉院长。仰盼先生接聘，为母校工商管理学院的建设和发展出谋献策。"

2002年8月，黄保欣先生带领大亚湾核电站第六届核安全
咨询委员会成员参观厦门大学，于保欣丽英楼前合影

2014年，黄保欣先生出席厦门大学旅港校友会
（2014—2016届）理监事就职典礼

黄保欣捐资兴建
的惠南中学"润
苍实验楼"

黄保欣捐资兴建
的泉州培元中学
"黄润苍教学楼"

黄保欣捐资设立
的惠安锦溪小学
"奖教金""奖
学金"。图为颁
奖现场

2002年6月9日，培元中学"保欣广场"落成庆典。黄保欣与广东省原省长梁灵光，中国侨联副主席、福建省侨联主席李欲晞，泉州市委书记施永康，泉州市政协主席傅圆圆，泉州市委常委、宣传部长黄少萍，香港惠安同乡会主席、培元中学校董会董事长骆志鸿等合影

1995年，为母校泉州培元中学捐资200万，兴建了以他父亲名字命名的"黄润苍教学楼"于1997年落成

与亲朋好友在"黄润苍教学楼"前合影

2002年8月，黄保欣先生带领大亚湾核电站第六届核安全咨询委员会成员参观泉州培元中学

　　黄保欣乐善好施，热爱公益，慷慨捐资办学，贡献良多。2004年，福建省人民政府为其立碑铭记，以彰后人。图为揭碑现场

揭碑领导嘉宾，左起：黄少萍、骆志鸿、黄保欣、林兆枢、胡平、陈荣春

2008年春，黄保欣先生莅临惠安东园中学
参加庄孙美治楼（庄子雄先生捐赠）落成典礼

孙礼贤（左三）　曾金城（左四）
李欲晞（左五）　黄保欣（右三）
王亚君（右二）　林万明（右一）

与两位弟弟在立碑现场

　　黄保欣捐资为故乡修路，张坂镇人民政府为其立碑铭记，以彰后人。
图为黄保欣与女儿在石碑前合影

黄保欣捐建的张坂卫生院"黄保欣楼"落成庆典仪式现场

黄保欣先生捐建前的张坂镇卫生院

捐建的新楼

与亲人在"黄保欣楼"前合影

黄保欣先生在张坂中学以他母亲命名捐建的"骆柿实验楼"前留影

与时任惠安县委书记李转生握手

锦溪小学全校师生热烈欢迎黄保欣先生

黄保欣（左五）出席香港惠安同乡总会第十三届董事会就职典礼

黄保欣（右三）出席张坂中学"骆忠信教学楼"落成剪彩
左起：陈清法、林万明、黄保欣、骆志鸿、詹蓉

润苍实验楼记

　　乡贤黄润苍(1899-1969)，基督徒，张坂镇锦田下楠人，生前行医济世，博爱施仁，扶危解困，享誉惠安。

　　哲嗣黄保欣，1945年厦大毕业，曾任本校首届教务主任。1948年春从此地发轫赴港，勤奋自强，学术同事业与日俱进，历任香港立法委员，现任港事顾问，97年香港筹委会委员等要职。当其大成，益热心於家乡教育，捐资逾千万元。

　　1995年10月，黄保欣博士偕夫人吴丽英(厦大同届)女士，在张坂中学捐建纪念其先慈之"骆柿实验楼"，更乐捐港币陆拾万元于本校兴建"润苍实验楼"，以纪念其先严。

　　黄保欣、吴丽英伉俪，荣达不忘本源，解囊兴学，栽培后进，造福桑梓，功德无量。爰追琢贞珉。

惠 南 中 学
惠南中学董事会　同立
一 九 九 六 年 九 月 黄 奋 志 敬 撰

　　黄保欣先生，祖籍惠安。旅居香港，情系桑梓，慷慨捐资兴办公益事业。为颂扬功德，特立此碑。

福 建 省 人 民 政 府
二〇〇四年五月十二日

新泉州东站前广场鸟瞰图

站前广场：地下三层，地上二层，钢筋混凝土框架结构，占地面积129亩，总建筑面积与19.5万平方米．
其中：
地下三层（约9.5m）：面积约1.7万平方米，城市轨道2号线土建预埋工程；
地下二层（约16.5m）：面积约7.15万平方米，规划为社会车辆停车场和轨道联系通道，停车位约1764个；
地下一层（约21m）：面积约7.15万平方米，规划为社会车辆停车场和出租车、网约车候车区和地下商业，停车位为720个，地下商业开发面积约为1万平方米；
地面层（约28m）：总面积8.6万平方米，规划为集散广场和公交车、大巴车停车场，公交车停车场地约8300平方米，大巴车停车场地9100平方米；
地上二层（33m）：为架空层，高铁出站层，规划为集散广场、旅客集散中心、综合换乘中心及商业开发，集散广场约1.9万平方米，集散中心和接乘中心规划为三层，建筑面积均为1万平方米，商业开发规划总面积约3万平方米。

  直到耄耋之年，保欣先生还在惦念家乡建设。偶然得知正在建设的福厦高铁途经自己的家乡——泉州台商投资区，却未能设停靠站，家乡将失去助推经济发展的一次良机，便立即与全国人大常委会原副委员长王汉斌商议，致函有关领导和部委，阐明在泉州台商投资区增设车站因由，还亲自委托泉州台商投资区商会会长邱昭阳先生跟踪后续手续办理，落实到位。在两位德高望重老前辈的关注下，终于得到相关部门的支持，在台商投资区增设总面积6.47平方公里、总投资23.63亿元的泉州东站。该站的建设将促进泉州台商投资区更好融入全市跨江发展战略，提高对外辐射带动能力，有效推动台商投资区经济和社会质的飞跃。

新泉州东站立面效果图

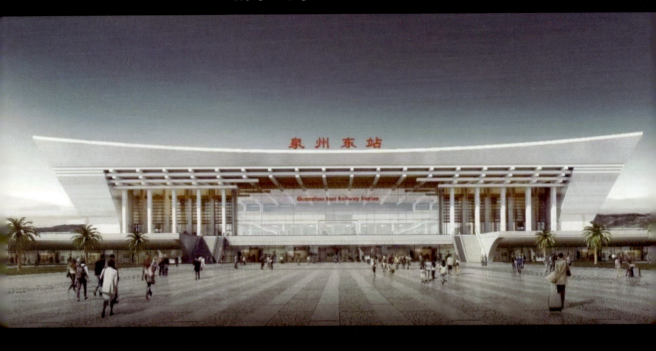

站房形象： 采用新闽南风情的飞燕脊，开元寺石塔般的斗拱，勾勒出站房"山海之门·扬帆港城"的建筑意象，整体形象简洁、端正、大气，微微前倾的立面以积极昂扬、开放的姿态欢迎四海宾朋，象征海丝之路起点城市扬帆远航、砥砺前行的进取精神。

站房规模： 中型旅客车站，总建筑面积2万平方米，主体高度23.5米（燕尾脊高27米）主体面宽169.6米，进深60.9米。主体两层（局部四层），第一层（含夹层）建筑面积11966平方米，有效候车面积2110平方米，第二层建筑面积6810平方米，有效候车面积2460平方米。

进出站方式： 采用"上进下出"的交通流线，天桥进站，地道出站。

于耄耋之年，保欣先生还为家乡做了一件功德无量的大好事。福厦高铁项目在可行性研究方案中，泉州市辖区内推荐了泉州东站（站点位置在泉州台商投资区）等三个站点方案。由于种种原因，正式定案时却取消了原规划方案中呼声颇高的台商投资区站点。消息公开后，一时议论纷纷。

保欣先生知悉后，致信兼任国家发改委主任的全国政协副主席何立峰，信函委托中央政治局原候补委员、全国人大常委会原副委员长王汉斌转交。在信中，保欣先生有理有据地写明：泉州台商投资区为国家级台商投资区，也是泉州国家高新技术产业开发区的主园区，与泉州中心市区、市行政中心距离最近，区位优势明显。

中华人民共和国国家发展和改革委员会

关于福州至厦门高铁在泉州台商区设站
有关情况的函

黄保欣先生：

您委托全国人大常委会王汉斌同志处转来的信函收悉。关于您在信函中提到的福州至厦门高铁泉州台商区设站问题，我委高度重视、认真研究。去年，收到您的信函后，我们即与铁路总公司、福建省发展改革委、泉州市人民政府进行专题研究并向您回复。今年，再次收到您的信函后，我们进一步了解相关情况并进行多次协调。

目前，铁路总公司与地方均原则同意在台商投资区增设车站，同时，将就增设车站具体出资和设站方案等问题共同协商并按程序报批。下一步，我委将积极支持路地双方共同研究推进，做好增设车站后续相关工作。

感谢您一直以来对发展改革工作的关心和支持。

国家发展改革委基础设施发展司
2019 年 4 月 16 日

113

2016年7月，黄保欣先生在香港面见邱昭阳先生，委托
他与有关部门沟通、跟踪，争取泉州东站增设落到实处

　　2019年4月2日，邱昭阳先生专程到香港黄保欣先生家，向他报告增设福厦高铁泉州东站进展情况。当听说在王老（王汉斌）和自己的力荐下，泉州台商投资区如愿得到增设泉州东站，耄耋高龄的黄老先生非常高兴，笑容如春花

互爱互助
满门俊彦

　　从当年贫瘠的惠安乡村走出来的一个大学生，成长为誉满香江的知名人士，他凭双脚踩出了一条布满荆棘和鲜花的路，紫荆开花一路香。一个人的成功，并不是孤立的，贤惠的内助和温馨的家庭是最大的鼓励和慰藉。

黄先生的夫人吴丽英，是位出生于鼓浪屿，来自晋江侨乡的娴淑、明慧的女士。他们俩同是1945年厦门大学毕业的校友，在校期间，黄先生在化学系，吴女士在历史系，他们因才华而相互仰慕，因人品而缔结情谊。毕业后一齐到永安工作，有着缠绵而深沉的情爱。1946年1月22日（农历十二月二十日），在惠安基督教堂举行婚礼，由周永清牧师证婚。从此互爱互助，六十五年如一日。

往港后，丽英女士先在培侨中学教书，1958年才和保欣先生共同经营化工原料业务。以后是公司执行董事，后因黄先生忙于社会公务，生意上实际由她主持。她与黄先生育有四女二男，令嘉、式嘉、本嘉、少嘉、可嘉（长子）、友嘉（次子）。夫人除经营好公司业务，支持先生工作外，还要悉心栽培儿女们，从小学、中学、大学到攻读各个硕博学位，儿女的教育课程她都关心备至，找学校、办签证、备行李、买机票，全是她一人操办，从不让黄先生费心，真乃当世相夫教子典范，这也让保欣先生身兼三十多个社会职务还能够应付自如。贤伉俪所育六位子女均受到高等教育，学有所成：四位获硕士学位、两位获博士学位，所学的学科分布多种行业。目前，四位女儿均在美国安家立业，两个儿子居住香港继承父母衣钵，为香港社会发展尽心尽责。长子黄可嘉，任香港工业总会理事长，接管了黄保欣先生所创立的香港联侨企业；次子黄友嘉，跟随保欣先生踏入政坛，现任全国人大代表及香港中华厂商联合会终身名誉会长、香港基金局主席，近期又获委任香港教育大学校董会主席，获颁特区政府金紫荆勋章。至今家中的四女二男及四婿二媳12人中，有五位博士，七位硕士，均毕业于美国顶尖高等学府。

吴丽英女士尽管业务忙碌，但自己也热心参与社会工作，1972年授任保良局总理，为社会和香港市民做出了无私的奉献，受到公众的欢迎和敬重。她认为一个人应为更多人的幸福着想和尽力。不言而喻，黄保欣先生事业上的成功是与站在他背后的夫人吴丽英女士的鼎力相助分不开的。

　　1946年1月，带着亲朋好友的万般祝福，保欣先生和丽英女士在惠安县城的基督教堂走上婚姻的红地毯，并携手相伴终生。至今，保欣先生家里还珍藏着这张他们新婚燕尔之时拍摄的全家福老照片。照片上，有刚加入他们这个温暖大家庭的新娘子吴丽英，老太太李梅，父亲黄润苍、母亲骆柿及9个兄弟姐妹，还有赶来参加他们婚礼的大姑母黄爱。

黄保欣先生的子女成年后，都先后到美国高等学府深造，有的还留在国外就业，而他经常对子女说："不管你们离开祖国有多久、有多远，融入西方社会有多深，你们的根依然在中国，依然要关心祖国的建设和发展，依然要深深眷念着故土，中国才是你们前途所在。"

前排左起：少嘉、保欣、丽英、本嘉
后排左起：可嘉、令嘉、式嘉、友嘉

高学历之家，均毕业于高等学府
前排左起：少嘉（硕士）、保欣（博士）、丽英（学士）、令嘉（硕士）
后排左起：本嘉（硕士）、可嘉（硕士）、友嘉（博士）、式嘉（博士）

全家福

1987年，黄友嘉在芝加哥大学获得博士学位，与父母合照

香港联侨企业有限公司，癸丑年春节联欢合影

1958年创办的联侨企业有限公司在九龙官塘励业街十一号，主要经营塑胶业。1968年十一层的联侨大厦竣工落成

1973年，吴丽英女士（时任保良局总理）获香港奖励

在工作之余，丽英女士还积极参与公共服务，曾于1972年担任香港保良局总理。她建树甚多，深得同僚敬重。为了筹集慈善资金，她多次积极带头捐款，并在电台号召市民关心公益事业，呼吁市民共同捐助，为广大民众的利益无私奉献。

黃保欣夫人曾於一九七二年
四月至一九七三年三月出任
保良局董事會總理在任期內悉
心擘劃澤沛孤煢偉績嘉猷至足
珍貴為此特給予獎狀乙紙用示
報德崇功之至意云爾

香港民政司 陸鼎堂

一九七三年四月一日

This is in special recognition
of the services rendered through the Po Leung Kuk,
for the welfare of Hong Kong women and children,
by

Mrs. WONG NG Lai Ying

as

Member

of the Po Leung Kuk Committee
during the period April 1972 to March 1973.

Dated 1st April 1973.

D.C.C. Luddington
Secretary for Home Affairs,
Hong Kong.

1995年8月，适逢黄保欣在北京开会，又是黄太生
日，全家25人从海内外相聚北京，难得全家大团圆
（摄于北京钓鱼台国宾馆）

1995年8月，全家身穿统一的家族T恤游览长城

黄保欣先生一家多才多艺，其乐融融，无比温馨。

1986年家庭聚会：父母献诗

1986年家庭聚会，六名子女献歌给父母

黄保欣夫妇与内外孙子女合影

 128

1991年共度中秋节

2002年，子女偕孙辈在黄保欣先生家拜年

129

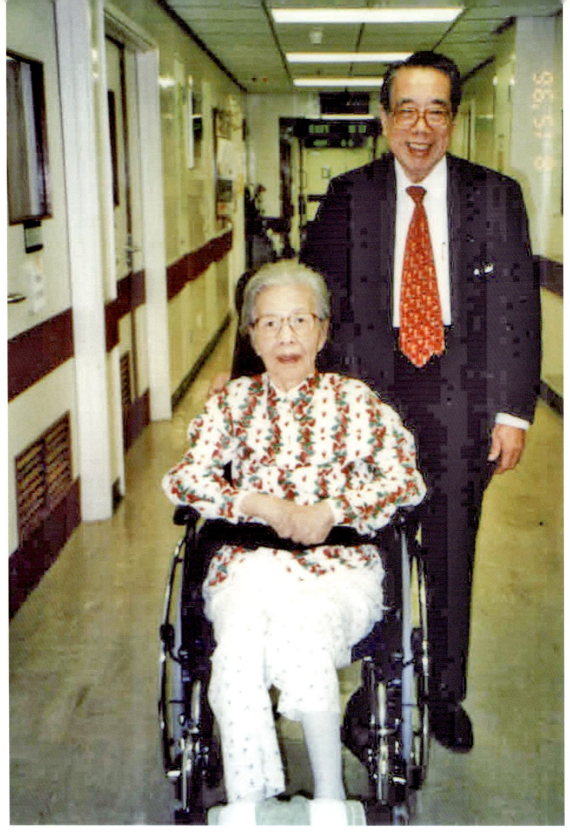

黄保欣先生长期悉心照顾太太

2016年黄先生寿辰

2016年，友嘉偕妻女贺黄先生寿辰

2018年，黄保欣先生子孙为他贺寿

2018年黄先生寿辰（左一友嘉，右一可嘉）

2018年黄先生寿辰（左一式嘉）

2018年黄先生寿辰（右一本嘉）

2018年，胞妹一家及外甥贺黄先生寿辰

1991年，黄保欣为太太吴丽英庆寿

令嘉一家与年迈父亲在香港家合影

左起：本嘉、可嘉、令嘉、孙方中校长、保欣、
谭惠珠、式嘉、少嘉、友嘉

黄保欣三兄弟在厦门

香港联侨企业有限公司，圣诞联欢聚会（摄于1995年）

在联侨企业有限公司圣诞联欢聚会上，与夫人同庆切蛋糕

1996年1月23日夜，香港金钟广场万豪酒家三楼宴会厅灯火辉煌，高朋满座，笑语声喧，乐声飘扬，几百宾客欢聚一堂，为的是祝贺黄保欣先生、吴丽英女士伉俪金婚之喜。

　　宴会开始了，先有三位老人讲话，他们都是保欣先生和丽英女士数十年的至交，在香港和内地都有相当高的知名度。

　　第一位是全国政协副主席、八十多岁的安子介先生（左二），他向这位相识多年的"第一个福建人朋友"表示祝贺，并以轻松的语调说，今晚有太多的"五十"：保欣、丽英二位金婚五十年，五十年前的今天，一月二十二日，他们结婚了。今天的喜筵共开五十席，主宾席上有五十个座位，丽英大姐今晚穿的是五十年前做新娘时的红旗袍……

　　第二位是前香港行政局首席议员、时任香港特区筹委会委员钟士元（左一），显然他是有备而来，上台后从袋里掏出一叠讲稿，原来他负责介绍黄吴二人的恋爱婚姻史，他先用广东话讲，再用英语复述，滔滔不绝。"但是要能让保欣先生和丽英女士当年厦大的同窗当场'揭发'——批注补充，一定更加生动精彩"，博得全场更热烈的笑声和掌声。

　　第三位是全国政协常委、八十多岁的徐四民（左一）。自从香港前途确定之后，安子介、徐四民二老一直和保欣先生一起在基本法、预委会、筹委会、港事顾问等机构共事过，他们中自然有太多的共同话题可讲，但今天徐四民讲的却是只与金婚有关的专题。老人家显然动了感情，他说，黄保欣、吴丽英两个人，生了两子四女，二变成了六；子女成家立业，有媳有婿，六对夫妇，二变成了十二。这六对夫妇又生出十二个孙子孙女，二变成了二十四。他高声问：今天在座的宾客中有哪一对是五十年不变的夫妇而有六对儿辈、十二个孙辈的？台下没有人敢于应声举手。因为要么是金婚夫妇，但没有这么多儿孙；要么有这么多，甚至更多子孙，但却不是五十年不变的伴侣。徐老的话激起阵阵掌声，所有的人都以钦美的态度由衷信服徐老给黄保欣、吴丽英的称号——模范夫妇。这可真是五十年不变，情比金还坚的好丈夫、好妻子啊！

董建华（左二）现场祝贺

曾荫权（左一）现场祝贺

陈荣春（右三）现场祝贺

　　1996年1月23日，在香港金钟广场万豪酒店，几百名宾客欢聚一堂，祝贺黄保欣先生、吴丽英女士伉俪金婚之喜。保欣先生全家祖孙三代集体向各位宾客致谢。

2010年7月8日，香港惠安、泉港、泉州台商投资区同乡
总会第十二届董事会庄子雄会长履新庆典
左起：庄子雄、黄保欣、黄友嘉、庄绍绥

黄友嘉（左二）出席香港惠安同乡会第十二届董事会就职典礼

2010年，黄保欣先生（中）出席黄友嘉（左二）担任厂商会会长的就职典礼

黄保欣先生重病在家疗养期间，许多香港领导、好友亲切探访。

2018年，全国政协副主席梁振英（前排右一）偕前机管局董事局同事探访黄保欣先生

2018年，港澳办主任张晓明（左二）、中联办主任王志民（右一）探访黄保欣先生

2018年，港澳办前副主任徐泽（左一）探访黄保欣先生

2018年，中联办副主任谭铁牛（左二）探访黄保欣先生

黄保欣先生为净峰寺题的墨宝

在净峰寺弘一法师纪念室书画藏品展

在惠安净峰寺弘一法师故居题字

用現代、進取的管理方法
領導層同心協力無私的
努力經營深業（集團）有
今天成功的業績是必然的

深業集團有限公司十五週年
誌慶

黃保欣敬題

福州大学香港校友会

以坚毅精神
迎接新世纪

黄保欣题

風采十載
造福人間

福建省海外聯誼會惠存

黃保欣 敬題

繁榮經濟

香港橡膠曁鞋業廠商會
戊寅四十三週年誌慶

黃保欣

黃保欣 敬題

159

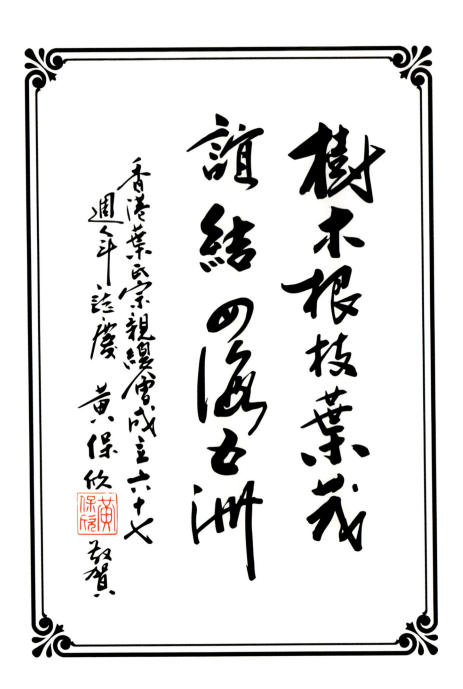

樹木根枝葉茂
誼結四海五洲

香港葉氏宗親總會成立六十七
週年誌慶　黃保欣敬賀

追思如潮
德音永响

2008年，大亚湾核电站老领导、集团高级顾问昝云龙先、安清明先生赴香港拜访黄保欣名誉主席

依靠基本法　前途有保障
——黄保欣回顾香港基本法的起草

徐运平

又是一年春草绿，紫荆展姿盛开的时候，香港基本法诞生至今已有五个春秋。

作为基本法原起草委员会委员、现任港事顾问、预委会委员黄保欣先生，曾亲身参与起草制定香港基本法的全过程。在纪念基本法颁布五周年之际，他接受记者采访，表达了内心的感受。

难忘的经历　民生的产物

"我很荣幸参与这项具有历史意义的工作，当初我们都是带着一种强烈的历史使命投入起草工作。"回想起基本法起草四年零八个月历程，黄保欣先生把这看成是一生最难忘的岁月。他说，起草制定基本法是一件非常有意义的事。我们20多位香港委员与内地委员近五年合作的过程也是增进了解、建立信任的过程，彼此由最初时，语言表达上存在差异到后来有了深入沟通，形成共识。工作之余，委员们还一起游览祖国的名胜古迹。敦煌的恢宏壮丽、昆明的民俗风情无不给我们留下深刻的记忆。

起草过程的民主化也令黄保欣先生印象深刻。到基本法拿出草案，委员会举行全体会议、主任委员会议、整体工作会议、专题小组会议等各项会议达117次。会外还几上几下，广泛征求意见，我们清楚记得起草过程中的小插曲。基本法第112条和第119条中关于"不实行外汇管制"和"注意环境保护"这两项内容，在初期草案中没有规定。他在征集各人意见时普遍也有反映，他认为这两条很重要。于是他在会上提出来，通过会议讨论，最后写进了条文中。

体现香港根本利益

黄保欣先生在评价这部基本法时表示，现在回过头来看，重温基本法条文，从内容到形式都很符合香港的实际，体现了香港的根本利益，是令人相当满意的。

黄保欣是起草委员会经济专题小组港方召集人，对基本法"经济"这一章起草感受颇深。他向记者逐条分析，从第105条到第135条规定。他认为这一章把香港最根本的东西都做出了明确的规定，他举例说，保持"三个不变"中的"保持原有的资本主义制度五十年不变"主要的是"依法保护私有财产权"。这是资本主义制度的根基。在起草时把这一条写进了总则，足见这一条内容所体现出的法律地位。这一章里其他条文也在这方面及继续保持香港经济的繁荣和发展的根本条件都充分地体现出来，包括保持自由港地位、独立关税地位、不管制外汇政策以及低税率政策，继续开放外汇、基金、证券、期货市场等等。这些规定的目的起于从根本上维持香港原有的国际金融、贸易中心地位。另外，基本法还规定了财政预算要量入为出的原则，公共开支增长与生产总值增长相适应的原则。现在看来，这些内容在目前已成为香港许多有识之士的共识。总之，这些条文规定是相当全面的，为保持香港经济的正常运作及继续稳定发展提供了法律保障。

基本法越来越深入人心

黄保欣先生继续着他的评价：基本法中其他方面的规定如，中央与地方的关系、居民的权利与义务、国防外交、科教文化、司法制度都规定得全面和具体。特别是在政治方面，做出了一系列保障香港循序渐进发展政治、利于香港平稳过渡和政权顺利交接的规定。但遗憾的是，英方后来推翻七封外交函件，甚至最终发展到提出"三违法"政治方案，使辛辛苦苦设计出来的"直通车"无法实现。这显示出英国人的不守信用。说到这里，黄保欣先生神色坚定。他相信只要依靠我们强大的祖国和600万香港同胞，依靠基本法，香港的顺利回归和"一国两制"的成功实现，就必定成功。

这位祖籍福建、在港生活近半个世纪的颇有名望的荣誉社会科学博士，话语间表现出对香港前景充满信心。

对于为何在香港加强基本法的推广，黄保欣认为，近年来总的趋势是基本法越来越深入人心。少数对香港前途仍有疑虑的人，多数是由于对基本法的不了解。他说，在有限的后过渡期里，加强基本法的宣传推广至为重要。值得注意的是，香港确有少数人一直抱着怀疑、仇视态度，经常以不善良的言辞歪曲基本法，显然有其政治目的。但这并不是主流。事实是越来越多的港民更加关心基本法，认识也逐步深刻。基本法产生越来越重要的社会影响，大多数民众，包括外国投资者，都认识到基本法在未来香港的法律地位，他们都相信基本法是会落实的。近年来，香港本地包括外来投资者对不动产投资金额相当大，其决策依据来自他们对基本法和"一国两制"的信心，对香港未来的信心。

"实际上，基本法颁布五年来，无论国际经济形势如何变化，香港经济始终是一枝独秀，保持继续繁荣发展。'九七'后的事实将更加证明这一点。"这是黄保欣的结论。

原载《人民日报》，1995年3月24日

香港工商界学者黄保欣

柯达群

20世纪80年代中期，一次香港基本法起草委员会召开的会上，资深报人费民对黄保欣说："我们虽然不相熟，但是我知道你，你是香港工商界的学者。"

他所代理的日本三井公司的董事也向他说过同样的话："我们喜欢和你做生意，因为你像学者，不像生意人。"

当学者才是初衷

做生意的确不是黄保欣的初衷，他从小的志向是当教授。20世纪30年代厦门沦陷期间，当时只是中学生的黄保欣避难到香港。亲戚带他参观"淘大"企业，劝他留在香港学做生意。他听了很反感，觉得对方看低了自己：没有成为学者的本事。

其实，黄保欣有学者细胞，也有商业头脑。1948年离开福建来香港，挨了10年职员生涯，1958年开始创办现今的联侨企业，搞自己的化工本行：从事塑胶原料贸易，办塑胶工厂，并且于1972年办起日本以外的亚洲第一家生产人造皮革的工厂。凭着对市场的敏锐触觉和专业知识，他很快就赢得业内"塑胶原料大王"的称号。

今天，他在观塘区拥有两栋工业大厦，在深圳和厦门等地也拥有自己的工厂，在内地的投资总额有2000多万美元。即便如此，他仍然认为自己在经济领域不算成功，没有达到应有的高度。主要原因就是他从20世纪70年代开始，就把精力投放在公共服务中：先是参加香港贸易发展局和工商业咨询委员会的工作，时常率贸易代表团出访，拓展香港的海外市场。其间他曾率团到巴黎举办大型研讨会，成功推动法国商界到香港和内地投资。到了1979年，他出任香港立法局议员。1985年成为基本法起草委员会委员，担任经济小组港方召集人；1993年成为特区预委会委员，今年一月再获全国人大任命为特区筹委会委员。他积极参与香港公共事务，大亚湾核电站一动工，他就出任核电站安全咨询委员会主席；新机场工程一开始，又被任命为香港新机场及有关工程咨询委员会主席，去年更被任命为香港机场管理局主席。

公共服务方面的卓越建树，是否可以抵消商务不足的"遗憾"？20世纪80年代晚期尤德担任港督时，曾经和黄保欣谈过这个问题。那次谈话是港督和立法局议员私下的例行会晤，和黄保欣谈了足足有45分钟。尤德问起他在个人商务方面的成就感，他当时答道："我的钱不是赚得太多，而是太少了，现在可惜我要办的是化工企业，需要巨额投资，我没这么多钱。"

直到今天，他仍然认为当年如果一心专注个人事业，经济效益比现在更为可观。他说："当年创业时，我对石油化学工业很有研究，关注世界市场动态，准备了很多资料。60年代和日本人做生意，我有一次对他们说，如果我也像你们一样，我的生意就会像你们那样成功。"

是的，80年代开始对港商打开投资大门时，黄保欣已羁身公务，常常感到分身乏术。谈起往事，他没有太多的后悔，一是因为他原来的志向就不是从商，从来就不把钱看得太重；二是有付出就有回报，社会对他的服务给予应得的评价。1993年，香港城市理工学院授予他名誉工商管理学博士学位，赞词指出："作为一位成功企业家，黄保欣先生服务香港社会大众已数十年。自从决定投身参与公职起，他经营的企业在进展上没法达到应有的速度，错过了这段时间里出现的许多机会。但是授予黄保欣先生名誉工商管理学博士学位仍是恰当的，他多年来致力管理的是比工商业务还要广泛的香港事务，香港人都会为有这样公而忘私的市民感到荣幸。"

港人有自律精神

社会对他服务的评价是："为人刚正，中英双方的高层官员都知道他能够代表市民及为市民利益而说话。"刚正敢言的个性，使他在1977年担任香港廉政公署防止贪污咨询委员会委员，并且积极参与反贪污宣传活动。

踏入1990年，他又和几位友人成立了"一国两制"经济研究中心。这个中心旨在对香港后过渡时期的社会情况和"九七"之后的展望开展调研工作，是听取港人意见的一条重要渠道。

作为该中心副主席，黄保欣对于"一国两制"下的香港前景充满信心。他认为落实这个政策的关键在于对基本法的坚决维护。由于"一国两制"是个崭新的概念，两地同胞在理解时产生偏差是可以理解的。例如港人往往强调"两制"，而内地某些干部则可能倾向于强调"一国"。弥补相互间理解偏差的方法，就是两地都应持续地进行政策宣传。另外，内地近年来快速发展和法制建设的逐步完善，将会缩小两地的现有差距，这亦是"一国两制"可以落实的主要因素。

黄保欣认为，香港在回归之后将继续享有社会繁荣的另一保证，就是使香港得以取得今日成就的内在因素，"九七"之后依然存在。他把这种因素归纳为两点：一是港人勤奋工作，二是港人在法制环境下的自律精神。

"香港人的自律精神非常好，我昨晚刚从新加坡电视看到一则谈'亚洲价值'的节目。亚洲人勤奋、社会适应力强，具有公共意识和自律精神。以美国为代表的西方价值观则相反，他们过分注重个人价值。"

虽然香港具有上述积极因素，但是近些年周期性的经济调整，已经为香港社会添加了困扰，失业率去年超过3%，达到新的顶峰。其中最主要的是制造业外迁引起的行业萎缩，这种经济不景气是否会给一年后的特区政府构成压力呢？

黄保欣说："香港的环境已经不利于制造业生存，内地的生产成本和香港相差太大，制造商内迁是必然趋势。我认为不仅劳力密集型工业内迁，内地有大量的科技人才，而香港唯一的长处，是有一个广泛的国际连锁网络，是国际信息中心。建立科学园值得一试，可以利用信息优势，在尖端科技工业方面寻找生存的空间。"

香港工业界面临的困境，冰冻三尺非一日之寒。黄保欣在20世纪80年代初期就提出，根据对韩国、新加坡和我国台湾香港等国家和地区的比较调查所得，香港的电子业发展最低，增值效率亦最低，应该考虑从企业界的进出口金额中抽取一定比例，支持电子工业的发展。可惜一向对研究工作缺乏兴趣和耐心的企业界否决他的建议，香港电子工业与其他三小龙的差距一直延续到今天。

制造业萎缩的同时，香港服务行业发展很快，吸纳了大批由制造业淘汰出来的人手，所以黄保欣认为失业问题并不足以严重到对特区政府构成压力。他说失业的很大因素是工人在转工时，不愿降低自己以前的工资水平去屈就新职，迫得雇主输入外地的劳工。如果工人改变观念，工商界输入外地劳工时亦有所自我约束，上述失业现象是可以缓解的。失业问题造成的社会安定心理负担，他认为部分是一些政客搞起来的。

香港应该有七所大学

黄保欣的社会事务把高等教育也包括在内，先后担任过香港大学和浸会学院校董。他一向认为要维持社会活力和发展，就必须发展高等教育。20世纪80年代初，他就在立法局一次演讲中指出，根据其他中等发达国家和地区的经验，香港应该有七所大学。当时，香港只有香港大学和香港中文大学两所大学。时至今日，香港已经有了六所大学，岭南学院也可望在短期内升格为大学，他的预言基本实现了。

但是学位增多，各家高校在招生竞争中必然会降低过往的要求。大学生多了，入职时的薪酬也必然受到影响。他认为这种情况才是正常的，以前大学生难求，一工作就要给高薪，反而是畸形现象。"美国大学生出来工作，开始也都不理想。要好待遇，就要竞争，社会上接受高等教育的人多了，社会整体素质也就得到提高。"

由于对教育事业的重视，他到福建老家捐资办学。仅在去年，他和当年在厦门大学同级学习的太太吴丽英于毕业50周年之际，向母校捐献了500万港元。同时为了帮助中学母校泉州培元中学早日实现教学目标，他又捐出200万港元，兴建以先父黄润苍命名的教学大楼。在惠安县，他亦为故乡的两所中学各捐出60万港元。

爱国主义情怀

黄保欣少小离家，至今对家乡依然一片深情。他八岁时离开惠安下埔老家到县城上小学，儿时看过母亲在田里劳作，自己也放过牛，割过草。但他不是穷人家的孩子，母亲没受过教育，但为人开明，父亲则是西医，在英国人办的县城教会医院工作，他在县城上的也是教会小学。那时是"九一八"事变的年代，他记得很清楚，老师在课堂上要求学生画东三省地图，还要标出河流和铁路，让他们知道日本人侵占了中国人的国土。

在泉州培元中学上学时，又遇上"一·二八"淞沪抗战，国民党的十九路军由上海南下福建，他还和同学们列队欢迎。那个时期，父亲订了邹韬奋等人主编的进步刊物，他也读了，加深了对爱国主义的认识。初中毕业时，正逢"七七"事变，抗日战争全面爆发，因此六年中学，他读了七年。因为高中一读完后那年，省政府规定学生要接受军训，还要到没学校的乡下开办战时国民学校。回忆往事，他认为短暂而艰苦的军训，对以后应付人生旅程的艰辛很有帮助。

少年的黄保欣学业优异，尤其是数学相当出色。有一次试卷出了点小错误，当时在培元中学任教的数学老师周梓材将他叫到跟前，指着卷子说道："你这里出了小错误，照理说我要扣你两分。不过，这样你就不能次次考试都得一百分了。"

老师惜才，照样给他打上满分。

1945年，他从厦大毕业，学的是化学，在福建省研究院工业研究所当研究生。不久内战爆发，研究经费不足，他的科研希望破灭了。随后他到厦门双十中学执教，没多久就碰上北平美军强奸女生事件，厦大学生反暴行的游行队伍经过双十中学时，招呼同学们上街。他一看，粉笔一扔，停课让学生游行去。此事惹来当局注意，所以他又先后转到泉州南侨中学和老家的惠南中学执教，不过都是蜻蜓点水过场而已。1948年，他放下教鞭到香港，走上从商之路。

不管他对自己的人生得失是否存有遗憾，在旁人看来，这位当年从贫瘠的惠安乡村走出来的香港知名人士，已经踩出了一条成功之路。他的成功包括拥有一个成功的家庭，六位子女都已长大有成。不过这份成功，包含另一半的付出。他起身推开董事会办公室的边门，紧邻的房间就是太太吴丽英的办公室。黄太是公司执行董事，生意上的实际主持者，一位出生于鼓浪屿而双亲来自晋江侨乡的厦大同级校友，念历史的，访问当日她正在医院休养。

原载《港台之窗》，1996年3月6日

大智慧有大担当

郭培明

　　有人说，泉州在宋元时期的地位就像今天的上海、纽约，这话一点不假。泉州项目申遗之所以成功，得益于当时的泉州就是世界海洋商贸中心，众多的历史遗存足以印证"涨海声中万国商"的昔日辉煌。正因为泉州是中华文明走向世界的重要出发站，是多元文化交流交融的大码头，泉州人才能成为欧洲大航海时代之前的海上马车夫，以海为田，以舟为车，驰骋大洋，搏击风浪，创造了一个个的人间奇迹。明清禁海以后，刺桐港衰落下去，大批不愿困守"八山一水一分田"的泉州人，横跨黑水沟，挺进台湾岛，穿越南海，直下东南亚，开荆辟榛，在他乡和异国创造了又一片新天地。"爱拼才会赢"是泉州人性格的真实写照。数据表明，泉州籍台胞和泉州籍华人华侨均超过900万人，泉州既是台胞在内地最大的祖籍地，更是无可争议的中国第一侨乡。长期与海外联系密切的港澳地区，还有近百万的泉州人，走在香港北角、九龙红磡和土瓜湾等地，随时可以听到闽南语的亲切声音。泉州籍同胞的心灵深处，存留着一个无法割舍的原乡，同时把异乡当作故乡，为当地社群服务，为当地发展出力，早已被他们认同为应该做好的分内事。

　　今天的泉州，拥有三大比较优势，即历史文化丰富、民营经济发达和数量庞大的港台、海外乡亲资源。改革开放伊始，泉州民营经济的发展恰是从港台、海外乡亲的"三来一补"起步的。各种富豪榜上从来不缺少泉州企业家的身影，勤劳智慧，敏于商机，勇于拼搏，不屈不挠，输赢笑笑，垒筑起泉州商人的集体形象与气概气质。单是香港一地，我们就可以列出一连串知名泉商的名字，但是能够站在政坛上发声的却寥寥无几。既是商界领袖，又是参政高手的，更是晨星一般罕见，而最亮的那一颗，非黄保欣先生莫属。

　　黄保欣先生出生于惠安乡下（现在的泉州台商投资区张坂镇），小学在县城就读，中学念的是泉州培元，大学上的是厦门大学。因逢抗战时期，大学四年是在长汀度过的。这样的经历，并无特别出彩的传奇故事，但是黄保欣在学校养成了求知若渴、勤奋好学的习惯。无论在图书馆、实验室，还是工作过的公路局炼油厂，即使是在日军飞机空袭之后，他都没有放弃学习钻研的机会，反而增加了时时对国际政治风云的关注与分析，真所谓"风声雨声读书声声声入耳，家事国事天下事事事关心"。理解他后来为什么"热衷参政"，青少年阶段的经历不可忽视。

　　商海茫茫，险象环生，生意起落皆为常事。黄保欣创办联侨公司，经商虽有波折，却一路向好。究其因，在于最看重的是"诚信为本、同行为友、专业为用"。这三点可谓他成功的秘诀，这几个字写起来容易，要行稳致远谈何容易？他大学念的是化学系，通过到日本、东南亚的考察，加上对全球石油走势的判断，他认为香港是个自由港，且制造业飞速发展，塑料作为新兴产业将会创造出巨大的工商拓展空间。于是捷足先登，与日本三井石油化工株式会社建立稳固的业务关系。据说日企在选择香港的代理公司时要求甚严，黄保欣的专业水平、社会信誉起到了至关重要的作用。一个胸襟宽阔、腹可撑船的商人，必须考虑到上下游链条中合作者的利益，善于换位思考，方可共同发展。他在调研中发现日本企业的管理技术领先市场，马上把有关资料与香港的制造商分享，甚至带领相关企业的代表出国参访，让他们尽快改进工艺流程，引进先进设备，跟上国际潮流。星光实业因此学会了软塑、压塑等新技术，而对一时无法更新设备的小企业，则设法提高他们的鉴别能力，比如怎样看懂熔解系数，怎样使用新型材料。因为存在竞争关系，同行往往是冤家。黄保欣却不这样认为，没有共同成长，何有塑料行业整体做大做强？第四次中东战争期间，塑料原材料飞涨，黄保欣在石油价格上涨之前已经采购了一大批原料库存起来，本可以高价抛出狠赚一把，却按涨价前价格卖给下游生产商，解了制造企业的燃眉之急，等于替别人分担了市场压力。当香港出于稳定原料市场考虑而禁止转口输出时，黄保欣表示完全赞成。有些人不理解，这个生意人到底是怎么想的？因为有利于扶持本地企业，尽管这样的政策对自己的业务经营是不利的。众望所归，他担任香港塑胶原料商会主席达15年之久，有力推动了当地塑胶产业成为香港三大支柱产业之一。

商界人士担任议员、咨询委员等职务，参与政治活动，代表某种团体、阶层发声，可以促进政府体察民意，调整政策，推动经济发展和城市建设。从弃文从商，到"以商为辅"，表面上看是"商而优则仕"，可以获得社会知名度与美誉度。但是黄保欣先生的参政不是一般意义的议议事、开开会、发发言。黄保欣出任的职务均是社会关注度很高，"在刀锋上跳舞"的敏感要职。他是至今为止在香港当代政治生活中最具影响力的泉州籍人士，没有之一。

1979年8月，香港总督麦理浩约见黄保欣先生，提出让他担任立法局议员时，他没有一点思想准备，当时他对香港的政制也不是很了解。立法局非官守议员名额只有十个，华人精英出任该职的极少，黄保欣之所以被看中，在于他拥有良好的社会声誉。可以说，后来的经历证明了麦理浩的眼光，也印证了黄保欣的才华能力。更早时候，麦理浩到中华厂商总会走访时，黄保欣等人当场就建议设立反贪机构。后来廉政公署成立，不能说是这一建议被采纳，但起到一定的推动作用是毋庸置疑的。廉政公署成立不久，黄保欣就被邀为防止贪污咨询委员，也可见受到官方重视的程度。曾经有商界人士议论，如果专心经商，黄保欣完全有可能成为一位超级富豪。对于个人和家族而言，经商是最好的选择，以物质财富的形式支持社会公益事业，也是一种贡献。作为著名侨乡，泉州的许多学校、医院、道路都有港澳、海外同胞的一份心血，黄保欣对惠安老家和就学或任教过的惠南中学、培元中学、厦门大学等学校都有大笔捐助。他对学校有份特殊的感情，一生爱好阅读与思考，源头的活水就是学校。担任议员后，他曾建议香港要控制公营部门支出，增加教育经费，创办新的大学。那时的香港只有港大和港中大两所知名高校，他的心中有大格局，他的着急是有道理的，对这个国际航运中心和金融中心来说，没有什么比人才更缺的资源了。

也就是在担任议员以后，联侨公司的生意基本上交给夫人打理，黄保欣先生已全身心地投入为香港服务、为人民服务中去，特别是在香港回归的特定历史时期，他充当了相当重要的角色，发挥了极其出色的作用。1984年，他旗帜鲜明地指出，立法局直选条件尚未成熟，任何对现有制度的修改，都必须以不会动摇根基为前提。中英关于香港问题的联合声明草签后，他及时发表长篇讲话，认为以一个香港人的角度来看，联合声明体现了两国有约束力的协议，香港人在这两年多提出的希望与要求都充分地在协议之内有了明确规定。回归过渡时期，各种声音混杂，平时在商场上主张以和为贵、广交朋友的黄保欣，在涉及国家民族大是大非问题上绝不含糊，他多次在立法局会议上舌战群儒，不管是唯恐香港局势不乱的，还是对香港的未来失去信心的，他都能够站稳立场，有理有据，或针锋相对，或耐心说服，展示出在历史大转折中的大智大勇、高瞻远瞩，其才能是多数商界大佬难以望其项背的。由于无暇顾及生意，联侨的日本合作公司曾郑重提醒过他。就在他决定重振家族事务之时，基本法起草委员会在北京成立，他被全国人大常委会任命为基本法起草委员会委员，事关每一位香港人的切身利益，他又一次走向公共舞台。这部带有宪制性质的法律，每一个字都似有千斤之重。黄保欣经常通宵达旦，倾尽精力，积极反映民意，搭起桥梁作用。当知道有关政府财政收支平衡和低税政策的条文在讨论中未获通过时，他据理力争，主张保留，认为香港经济对外依存度高，难以抗击形势剧烈波动，如果没有低税率的吸引，本港资金必然大量流出。后来，这两方面的内容在基本法条款中都有所体现。在接受《人民日报》记者的一次专访时，黄保欣先生感慨万千：近五年来，"我是带着一种历史使命感投入起草工作的，这是我一生最难忘的岁月"。香港最后一任港督到任后，标新立异，推出新施政报告，企图改变香港发展方向。黄保欣感到事态严重，立即在多家报刊发表《施政报告关于选择委员会建议的商榷》，肯定与维护基本法精神，告诉香港市民，香港前途的法理基础是中英关于香港问题的联合声明，过渡时期的政制发展必须依照《基本法》规定。这一力挽狂澜的举动，颇有阵中大将风范，对安定民心、防止思想混乱和社会动荡有着正向意义。在回归后过渡期，黄保欣先后被任命为"一国两制"经济研究中心副主席、港事顾问、全国人大常委会香港特别行政区筹备委员会委员和基本法委员会副主任，每一个职务都是沉甸甸的，与他一起出现在顾问、委员名单中的有安子介、梁振英、李国宝、霍英东、李嘉诚、查良镛等，个个都是如雷贯耳的重量级人物。作为泉州人，我们不能不为他这位杰出乡贤感到骄傲与自豪。

香港是中国的香港，香港的历史是全体香港人民创造出来的，恒河沙数，一个人就像一滴水般微不足道，但是总有一些社会精英挺身而出，担起时代重任。咨询，外人看起来只是提问题、提建议，黄保欣出任的偏偏是巨无霸项目的咨委会主席。一是香港新机场，投资超过1700亿港元的香港历史上最大的建设项目，单是让人阅看设计图纸就足以眼花缭乱。如何监管建设过程的财务安排，港英当局心怀鬼胎，中英双方互不相让。如何充当沟通的"滑润剂"，发挥咨询、监督、建议作用，黄保欣真正做到了呕心沥血。二是大亚湾核电站，这是中国第一座商用核电站，投资40亿美元。许多人对核电并不了解，闻核惊心，因而一开始就注定局面的不平静，出现了百万人参与、香港有史以来最大的签名运动，民众反对在距离香港50公里的地方建设核电站。黄保欣临危受命，出任大亚湾核电站核安全咨询委员会主席。这是一个烫手山芋，他却握了十余年没有放手，不但率团四处调研，多方论证，刚柔并济，反复沟通，还不耻下问，不断向在美国核电站工作的女儿请教。十多年间，我们完全可以设想有无数的难题困扰着这位坚强的老人。已是古稀之年，本可以享受天伦之乐，真不知他是怎样度过那些难熬的日日夜夜。

由于对香港社会与民生发展做出了杰出贡献，黄保欣先生获得了太平绅士、大紫荆勋章等许多荣誉。香港多所大学授予他荣誉博士学位，香港城市理工学院在赞词中这样写道："作为一位成功的企业家，黄保欣先生服务于香港社会大众已数十年，自从投身参与公务起，他经营的企业错过了这段时间里出现的许多机会，在进展上没法达到应有的速度。但是他所致力管理的是比工商业务还要广泛的香港事务，香港人都为有这样一位公而忘私的市民感到荣幸。"唯利是图是商人的本性，黄保欣先生的本色身份正是商人，纵横商海几十年，他当然是利润的精算师。但此时的他，已经把"利"的分享人换成了全体香港市民。他个人的钱袋子是轻了，但在广大香港人的心目中，他的分量却变得更重了。公而忘私，居高望远，迎难而上，勇于担当，功在当代、泽被后世，黄保欣先生留给香港和故乡的是一笔比亿万钱财更为宝贵的精神财富。

2023年2月25日

黄保欣在香港升国旗
庆祝共和国成立

黄瑞欣

　　1949年5月，解放军渡江南下，我就读的鼓浪屿英华中学及大嫂吴丽英任教的怀仁女中都提前放假。早来的暑假使人们做出别样的假期安排，适逢大嫂要带令嘉（保欣长女）去香港和大哥黄保欣团聚，她邀我这个十五岁的小叔帮她照顾晕船的母女，共赴香港。我欣然同行。

　　1949年的香港已十分热闹。马路车来人往，海上大船小船，空中时有飞机轰鸣而过，来往的人熙熙攘攘。与厦门金圆券贬值，大米一日三涨，人心恐慌不定的景象截然不同。保欣的建昌公司位于永乐西街219号二楼，经营土特产进出口。公司人员有孙长发、孙发奎、孙诗林，后来陈碧枢等人先后来公司。大人忙于打电话、看行情、接订单、跑货仓，我则帮忙打杂。打字机成了我的好朋友。早中晚挂在公司墙上的有线广播"丽的呼声"，用普通话及粤语播放新闻和音乐，增加了一项大家欣赏的节目。公司二楼的平台，是我的所爱。每日报童将大公报、文汇报、星岛日报从街道抛入平台，多是我第一个拾起先阅，然后放在大哥的写字桌上。站在平台欣赏人来客往的永乐西街，也是我每日功课。日久，大哥给我一项新任务：为不远的泉昌公司送文件信函。

　　1949年10月1日，"丽的呼声"音乐频起，播音员说当天中华人民共和国成立了。那天大哥特别忙碌，接电话、迎宾客，并在永乐西街219号二楼建昌公司升起一面五星红旗。此举引来一批又一批市民驻足观看。下午上班不久，我又站在平台看热闹，发现街边有两个行人手持相机对着五星红旗拍照。我不知道他们是记者或是市民，是政府人员或是国民党特工。这一面五星红旗，让彼此沉浸在一种喜悦、特殊的心情中。

与此同时，惠安同乡黄长水先生在港创办的泉昌公司也升起了五星红旗。两位惠安黄氏乡亲因此成为最早在香港升起五星红旗的内地同胞，不约而同组合成一支"香港双簧管"，演绎了香港历史的一段佳话。

对于这一段历史，许多人仅知道有黄长水，而不知道有黄保欣。但国务院有关部门对此情况是了解的。由于我是见证人，对这段历史特别深刻，故录以存世。

后来我要返回内地，大哥挽留我留在香港当帮手。我说我想念父母亲，离不开他们，就回来了。很多年以后，我们夫妇在广州一次广交会上与大哥相见，他开玩笑地对我夫人说："当年要不是弟弟执意要回来，他的事业肯定要比我有出息。我这些年还要忙，无法专心致力于经商。他在就不会像我这样分心，可以更专心地打拼事业。不过要是这样，你就无法和他结为夫妻了。"

但我对自己的选择无怨无悔。

2014年11月28日

此情绵绵无绝期

——拜访爱国港商黄保欣老先生

邱昭阳

  肩负着区领导的重托和家乡父老的深情，我怀揣一颗激荡的心专程造府向先生拜寿，虔敬地叩开了玫瑰岗黄老的宅门。不，说得确切一点，应该是叩开了先生的心扉。一见面，年过九旬的黄老依然精神矍铄，神采奕奕，与我握手的一瞬间尤其觉得他那双沧桑的手是那么浑重有力。我内心暗自欣慰，为黄老的健康长寿，为香港及内地有这样一位不可多得的爱国人士。话匣子一打开，这位饱经风霜的世纪老人，谈起人生，谈起自己的创业史，口若悬河，滔滔不绝。从学生时代、教师生涯到经商创业，从抗日战争、祖国解放到香港回归，从香港贸易发展局、大亚湾核电站到新机场，从英国女王颁授的OBE、CBE勋章到特区政府授予的"大紫荆勋章"……先生如数家珍，衮衮可听。

  "老骥伏枥，志在千里。烈士暮年，壮心不已！"普通老人喜欢怀旧也许是自然规律的心理使然，而这位与众不同的爱国港商却比常人更富有前瞻性和洞察力。他悬悬在念、切切于心的还是家乡，尤其是祖国的今天与未来。梓里的学校、医院等公共场所早已遍布先生捐建的楼房和设备，但他更关心的是教育、卫生等公益福利事业的现状和前景，交谈间时不时地向我仔细地探询，并提出自己的见解。一谈起新区建设，我向先生介绍新建的区间大道都是软基沥青路面，老人一边点头赞许，一边接口说西藏、新疆同样也都是这样时新的建设，可见他时时都在关注着祖国日新月异的变化。

  先生最关切的还是祖国的疆土与国防，谈到中日东海问题时，他对日本军国主义的死灰复燃义愤填膺。在小学四年级时发生的日本侵占东三省的"九一八"事变，在厦大就读的四年中日军飞机对校舍的频频轰炸，至今历历在目，刻骨铭心。先生愤愤而谈，持之有故且言之成理，随即从书架中拿出一本书来。那是20世纪70年代一位日本教授所著的关于钓鱼岛的历史，言词凿凿地记载着那是中国神圣的领土；当谈到中俄联合军演，先生又拿出一本苏联军官所著的历史文献《俄日战争史》，其中就记载俄国的惨重损失和伤亡，黄老凝重地说，这次参加军演的俄方官兵一定心有感触。接下来话题转到了越南近日的反华示威，先生特别向我介绍最近所看的《中越战争》，说北宋时期越南入侵广西南宁的一次大屠杀，就杀了吏卒、土丁、居民五万余人。他说回顾历史就是要警钟常敲，祖国只有强大了，才是各地华侨华人坚强的后盾。紧接着他拿出四弟瑞欣的来信与我分享，信中所谈的不是家庭琐事，牵挂的全是祖国国防建设的大事。说去年我们有17艘战舰下水，今年前三个月又有6艘试行，最近怎么没有相关报道呢？他耿耿于怀的是祖国领土的完整，拳拳服膺的是祖国海军的日益壮大。

此情绵绵无绝期，黄老的爱国情怀是与生俱来的。早在1930年还是一名小学生时，他从历史课本上得知香港岛在1842年被英国侵占，心想：总有一天，这段屈辱的历史应该结束。1947年1月29日，在厦门双十中学教书期间发生了学生运动，黄老因支持学生参加游行又惹来了麻烦，而他对个人安危满不在乎，置之度外。1949年10月1日新中国成立时，黄保欣的公司毅然升起鲜艳的五星红旗，而当时全港升起的五星红旗仅仅两面，个中黄老对祖国的拳拳爱心不言而喻。

香港回归前夕，黄老对英国人说："在经济上，我或许可以妥协，做做中间人。但在政治上，在香港主权上，我只有一个立场：我是中国人。"这一番肺腑之言铿锵有力、掷地有声。黄老对"一国两制"下的香港前景充满信心，并坚持认为"落实'一国两制'政策的关键在于坚决维护基本法"。香港回归后，作为基本法守护神的黄保欣，更是为基本法在香港的深入人心和顺利实施呕心沥血，为香港的持续繁荣和稳定做出了杰出的贡献。

"老当益壮，宁移白首之心？"如今，耄耋高龄的黄保欣先生功成身退却退而不休，执着地践行着他那"做一个对国家有贡献的人"的人生信条，继续为祖国和人民挥洒着光与热。黄老说退休后多看一点书，如世界通史、欧洲史、美国史……很多是以前在北京开会时买的，当时没有时间看，现在拿出来看很有意思。他说，我们国家正在步入一个空前绝后的中国梦时代，希望多活几年，看到一个站得稳的中国、和平崛起的中国。黄老的愿望也是我们共同的企盼，"行善积德，福有攸归"。"德高人长寿，心宽福自来。"保持乐观的生活态度，积极向上的心态，使人精神振奋，以调动机体的潜力。这就是先生健康长寿的养生秘诀，我们相信，黄老寿超百岁一定会成为现实。

与黄老促膝畅叙一两个钟头，我担心影响先生的休息，起身告辞。老人尚且兴致勃勃，言犹未尽。从黄老家里走了出来，好久好久，我仍然沉浸在刚才浓郁的气氛中。此时，情不自禁地回眸沐浴在夕阳中的玫瑰岗，我看到的仿佛是爱国港胞黄保欣先生那高大健壮的背影。

写于2014年6月

无限赤子心 一脉中华情

——记香港大紫荆勋章获得者黄保欣先生

庄顺能

惠安同胞百年多来陆续漂洋过海，下南洋、上港澳，他们冲破各种条件限制，从很低的起点起步，以顽强的意志，艰辛的努力，创造了良好的业绩，为国家甚至世界做出贡献，涌现了不少出类拔萃的人才。旅港同胞黄保欣先生就是其中的一位。他才华横溢、品格高尚、魅力无限。

黄保欣先生的人生，一路走来，处处留下闪光足迹。他用一个个胜利的路碑，昭示前行的脚步，为海内外各方人士所称赞、钦佩和敬仰。

1945年，黄保欣先生毕业于厦门大学化学系，先后在厦门与惠安任教，不久即赴香港创业，积累了丰富的化学工业知识和管理经验。同时他对市场动态与规律具有灵敏的触觉，因而在创业时展现出不俗的商业才华。20世纪50年代初，他创办了联侨公司，在香港首家经营塑胶业并成为香港的三大支柱产业之一，为香港塑胶行业的发展做出突出贡献，并赢得了"塑胶原料大王"的称号。

香港回归。他秉持"回报社会是我一生不懈追求"的信念以及对社会经济学的卓识，1985年他受命担任香港特别行政区基本法起草委员会委员，参加政制和经济两个小组的工作，并担任经济专题小组的港方召集人。1997年，还担任全国人大常委会香港特别行政区基本法委员会副主任。他带着一股强烈的使命感，全身心投入，呕心沥血，为香港顺利回归及日后持续繁荣和稳定做出了杰出贡献。

建核电站。他大智大勇、勇于负责、刚直敢言、见解精辟、胸怀豁达的个人品质，深得民众的信赖和舆论的好评。因而被推选为广东大亚湾核电站核安全咨询委员会主席。他以诲人不倦的态度，说服怀疑生畏的香港民众，为核电站的安全顺利运营做出贡献。

建新机场。他非凡的才华和人缘，平实、公正的为人，以及多年参与香港财经和公共建筑的工作经验，深受中英双方高层的认可，特任香港机场管理局主席一职，出色主政投资1700多亿港元、20世纪世界十大工程之一的香港新机场的建设。1998年4月机场主体工程如期竣工，7月2日，国家主席江泽民为新机场建成和启用揭幕。为表彰黄保欣先生对香港所做的突出贡献，香港特区政府向他颁发了"大紫荆勋章"。

成功的事业和对社会的积极贡献，让黄保欣先生获得很多的殊荣，如荣获英女王颁授OBE和CBE勋章、太平绅士、名誉工商管理学及荣誉社会科学博士学位、中外多个城市的荣誉市民等。林林总总，一个个的桂冠，为海内外有目共睹，上下皆知，深受社会的尊重和认可。

然而像黄保欣先生这样一位品德昭彰，业绩卓越，堪为人之楷模的成功人士，也有为人所不知的深沉而闪烁的情怀。

2004年10月，黄保欣先生出席泉州培元中学百年校庆及他所捐建的"保欣广场"落成庆典。其间，经挚友邱昭阳介绍，我有缘直接拜会了仰慕已久的黄先生。之后，几乎每年都有数次与他相逢，尤其是在中国闽台缘博物馆剪彩时，省委卢展工书记让剪一幕，更加深了我对他的认知。2006年5月27日，中国闽台缘博物馆经一年六个月的艰辛努力，如期竣工。当日举行隆重的庆典仪式，国家领导人、中央有关部委和省市领导，海内外嘉宾及本地各界人士、观众近万人共庆竣工。剪彩前一刻，出现了一幕至今令我难忘的情景，当主持人宣布有请全国政协副主席张克辉，中宣部副部长、中央外宣办主任蔡武，福建省委书记卢展工，省长黄小晶，省政协主席梁绮萍为博物馆剪彩时，卢展工书记起身后突然发现黄保欣先生也在主席台上，他立即叫黄先生前来并递金剪让他剪彩，当然即刻增加了一把。省委书记的谦让，足以证实黄先生是位德高望重、深受人们敬重而且可亲可爱的人。事前，曾征求黄先生意见，但他为人低调谦逊，不愿坐在前排并参剪。

然而在日常陪伴、聆听细观他的一言一行中，处处彰显着其报国、爱国、爱乡的情怀，让人感动万千。

赤子胸襟　心怀祖国

黄保欣先生说："我一生的角色虽常有转变，但在心里是一样的，就是做一个中国人，就该尽量为国家服务，希望国家好。念大学的时候，战争时期，吃饭不要钱，学费也不需交，什么都不要钱。国家培养了我们，所以觉得是欠了国家一辈子，应该要还的。回过头来看，就是要对得起自己是一个中国人。"受家庭的影响，黄保欣先生自小就对国家和民族有深厚的感情。他说："'九一八'事变时我正读小学，就画过一张东三省地图，提醒自己这是祖国的领土。"大学毕业后，他在厦门双十中学教书。1947年1月29日，发生了学生运动，当时他就私自停课，让学生参加厦门大学学生组织的游行。

2006年10月1日，中国闽台缘博物馆举行竣工后首次国庆升旗仪式，邀请黄先生参加，他触景生情跟我们谈起："1949年10月1日，新中国成立时，那个时候我胆子也蛮大，竟在我的香港公司升起一面自制的五星红旗。后来在北京开会谈到升旗的问题，港澳办的人证实，当时全香港只升两面五星红旗。"足以说明他对祖国的感情至深。

黄保欣先生还经常利用在香港特区基本法起草委员会职务之便，对有损祖国利益的言行给予仗义执言的回击。1982年，中英政府将香港回归问题提到正式议程上来，立法局就香港问题展开辩论，黄保欣先生凛然直言，香港本是中国的领土，必须回归。后期英国有人主张香港回归后，对香港的管治权再由英国保留30年，他当即坚决表示反对："当年中国人民为了夺回家园，与日本侵略者进行了八年浴血奋战。今天，当英国人侵占香港的期限结束的时候，没理由再让中国人继续蒙受历史遗留下的耻辱。"

黄保欣先生育有四女二男，成年后都先后送到美国高等学府深造，有的还留在国外就业，而他经常对子女们说："不管你们离开祖国有多久、有多远，融入西方社会有多深，你们的根依然在中国，依然要关心祖国的建设和发展，依然要深深眷念着故土，中国才是你们的前途所在。"

凡涉及祖国的利益，黄保欣先生是这样说的，也是这样做的。香港回归当天，从他的行程就可领略到绵绵的赤子心。他回忆说："1997年6月30日晚，在滂沱的大雨中，参加了英国方面的告别仪式、告别宴会，中英交接仪式，行政长官宣誓，立法会宣誓成立等过程，回到家里已经是凌晨3点。7月1日早上7点又赶到机场，前往北京，在中午接受全国人大常委会委任的香港特别行政区基本法委员会副主任职务。随即就开会，建议全国人大常委会表决通过，将基本法附件三列入在香港特别行政区实施的全国性法律，由此成了香港特别行政区的法律依据。"这样繁密的日程，对年已75岁高龄的他是何等重担。正因为黄保欣先生有一颗无限赤子心，一脉中华情，再苦再累也年轻。

赤子情怀 报效祖国

俗语说："摇篮血迹难割离，叶落归根是正理。"在闽南，一个人的出生地叫"摇篮血迹"，就像婴儿刚落地，身上还带着母体的血迹，日后不管走多远，心里想念的还是摇篮地。这种摇篮血迹情结，情感渊源是挥不去、忘却不了的，这是华人对出生地特有的眷念，也是一种凝聚力。难怪古巴卡斯特罗主席当听了到访的全国政协主席李瑞环同志的介绍"中国改革开放后，许多旅居国外的华侨纷纷回国投资"，随即深有感触地说："我们古巴人一出去就忘记故土，却不能像华人那样依恋故乡。"

十一届三中全会以后，黄保欣先生敏锐地感到，中国改革开放及未来经济将大发展，祖国将迈向富裕振兴的道路，作为中华儿女报效祖国的时候已经来临了。随后，他即领风气之先，怀着对祖国和家乡的炽热情怀，抱着对祖国改革开放政策的坚定信念，投资100万港元在惠安合资兴建惠侨塑料制品厂。同时，投资2000多万港元在厦门独资建厂房，创立厦门联侨公司，引进设备，吸收250多名员工，产品销往日本、欧美等国，成为港商在内地办厂的先驱。

1992年，他又将20世纪70年代创办的人造皮革厂搬进深圳，成立了联侨合成皮革（深圳）有限公司，增加投资6000万港元，引进三条自动生产线，吸收近200名员工，所生产的皮革产品销往世界各地，联侨皮革厂被广东一带同行称为"老大哥"企业。同年，他深感福建经济发展受电力不足的制约，毅然投资兴建第二期的漳平发电厂，并于1994年落成正式投产。他常说："我搞投资，首先不是考虑赚钱，而是为了强国富民，办工厂会使更多同胞受益，并且能为国家扩大发展经济的基础，让更多需要工作、需要生活出路的同胞有去处。"

这就是他热爱祖国的赤子情怀和报效祖国的心声。

赤子心志　办学兴邦

黄保欣先生热心教育和社会公益事业，坚信"知识就是力量"的真理。他认为一个国家一个民族要发展，要进步，必须教育为先，大力培养人才。在与黄先生的接触中，我深感他孜孜不倦的求知欲已到了令人羡慕的境界。正如孔子所言：三日不读书，则言语无味，面目可憎。他说："在香港尽管公务繁忙，但读书从未停止。从中徜徉文化知识的海洋，激荡思想、启迪智慧、激励人生。"在接触中我发现，即使他在泉州省亲也是身不离书，有空就读几篇。而且他看的书包罗万象，中英文版都看，不但饱读经济、历史、文学、哲学等，还研习书法，研究艺术与宗教。年已87岁的黄保欣先生，还有一副清透的好嗓音，在庆祝厦门联侨塑料厂建厂25周年的晚会上，他与日本友人合唱了一首日本歌曲《王将》，嗓音高亢透亮，吐词清晰优雅，倾倒全厂几百名员工，掌声不断。

黄保欣先生自小濡染博大精深的中华传统文化，并养成"厚德载物"和"自强不息"的作风与精神，事事都体现在重视对己、对家人、对社会的修养、培养和教育。从小成绩优异，中学时，12个学期有10个学期成绩都在班级第一。后来考入厦门大学，专攻化学专业。为此，他对子女也是不遗余力地培养教育，仅家中的四女二男及四婿二媳12人中，博士就有5人，硕士7人，均毕业于美国高等学府。

黄保欣先生一直关注和牵挂香港和内地教育。他在香港的立法局会上，多次呼吁香港要发展高等教育，只有两所大学（香港大学、香港中文大学）不够，要7所，如今也都已实现。他还先后担任浸会学院校董会主席、香港大学校董和香港理工学院工商管理课程毕业生协会赞助人，为这些院校的发展做出了许多实质性工作，付出了极大的努力。

黄保欣先生的企业虽然没有做到很大，个人财富也有限，但他仍然慷慨捐资，兴办教育。他为黄田老家锦溪小学设立奖教金和奖学金，为张坂中学建置以母亲骆柿命名的教育实验楼，在惠南中学兴建以父亲黄润苍命名的实验楼。

1995年，他为母校泉州培元中学捐建200万港元以他父亲名字命名的"黄润苍教学楼"；同年，他与夫人吴丽英女士向母校捐资500万港元，兴建嘉庚楼群一号楼——"保欣丽英楼"。

2001年4月，厦门大学建校80周年庆典时，在校方举行隆重的受赠仪式上，他发出感人肺腑之言："我和丽英均于1945年毕业，几十年来我们对母校心存感激，图求一报，今天是如愿了。"黄保欣先生还获"福建省捐赠公益事业特别突出贡献奖"金质奖章及省政府立碑表彰。

在与黄保欣先生的多年相处中，我受益匪浅，但也与港人同感，有遗憾与欣慰。

遗憾的是，20多年前黄保欣先生在企业经营如日中天的时候，做出了服务国家发展和香港社会的新选择。这期间，他的企业错过了许多黄金发展机会。因此，他与富豪排行榜失之交臂，香港也少了一位大企业家！

欣慰的是，黄保欣先生全身心投入社会事务中去，并成就卓越，他为香港的经济社会发展贡献了毕生力量。因此，香港多了一位杰出的爱国人士，一位享有声望且为祖国做出诸多贡献的社会活动家，香港人都为有这样一位公而忘私的市民感到荣幸。

原载《炎黄纵横》，2011年4月12日

耿耿丹心黄保欣

——访香港联侨有限公司董事长兼总经理黄保欣先生

蔡永哲

灵秀山麓 花荣叶茂

灵秀山，在张坂镇，属古二十五都（镇安铺）。山峦峻峭，挺拔呈秀，又号美女峰。其东南有许多良田，锦溪夹流。

唐初，黄守恭献地兴建开元寺，后来他的次子黄纪迁到这里居住，把这地方称"黄田"。古之黄田里，即今之后边、上塘等村，为惠安黄氏祖籍地。千余年来，人文蔚兴，瓜瓞绵绵。

唐黄纳裕、五代黄禹锡，宋黄宗量、黄岩孙等黄家优秀的子弟，先后考中进士，尤以侍郎黄纳裕的侄女黄厥，被闽王王审知选聘为妃。王审知子延钧继位，尊封其母黄厥为太后，且驾临黄田，谒母后家庙，游灵秀山，诏改灵秀山为美女峰，更是千古美谈，流传遐迩。其黄氏宗祠有联："唐朝赐爵联三世，宁代登科五百人。"

山钟毓秀，本文传主黄保欣，就是1923年出生在这一美丽灵秀山麓的上塘下埔自然村。

其父黄润苍，新中国成立前是惠安县仁世医院副院长，后为惠安县医院医师。母骆柿，农民。

润苍、骆柿育有七男二女，名曰淑欣（女）、保欣、明欣、哲欣（中群）、瑞欣、景欣、主平、婉欣（女）、主怀。保欣排第二。保欣小时曾放牛、割草，是从惠安贫瘠的泥土中爬大的。其弟弟也都各有成就，或在高等学府，或在科研单位、政府部门，从事科研、医学、经济等工作。

家庭信仰基督教。他先读县城教会办的时化小学，后进泉州培元中学。中学12个学期，他有10个学期为班级第一名，后考上国立厦门大学。1945年于厦门大学化学系毕业，曾到永安福建省研究院工业研究所当研究生，后又在厦门双十中学、晋江南侨中学、惠安惠南中学任教。

他从小受父亲严格的教育。时值抗日战争时期，父亲要他练意志，锻体魄，天天晨起跑步，并以夏丏尊诗句"闻鸡起舞莫长叹，忧患还须惜好春"和顾亭林的名言"天下兴亡，匹夫有责"勖勉，他从小就有自强不息、努力上进的精神。

他读高中时期曾到香港姑母家过一个暑假。当收到同学来信得悉：全班同学奉命集中于沙县军训，军训要下乡一年，办战时国民学校，教农民读书，训练壮丁，宣传抗日救国的道理。他即刻买船票返乡，参加军训，也因此他贴近了农村，从青年时期就有了爱乡爱国爱民族的情怀。

学以致用　塑胶之王

1948年初，他以厦门大学化学系理学学士、福建省研究院工业研究所研究生的身份又来到香港。

东方之珠的香港，为他提供了展示才能和智能的天地。

在香港，他先经历了十年的职员生活。这十年是认识的十年，积聚的十年，经缜密的思考，1958年他与夫人吴丽英共同创办了联侨企业有限公司。联侨在九龙观塘励业街十一号。

联侨从经营塑胶原料及电池、搪瓷和橡胶厂所用的原料及其他化学品的代理贸易开始。1964年购地自建大楼，现有两幢大楼，一幢十一层为工贸大厦，另一幢九层为货仓，总面积为2万平方米。进而创办工厂、货仓及扩展投资业务，向企业多元化发展。还代理日本著名的川口注塑机，开办胶袋厂、人造皮革厂、手袋厂，以及经营进出口贸易、技术转让，并为内地引进机械设备等。他的人造皮革厂建于1972年，是当时除日本以外亚洲第一家人造皮革厂。

由于香港塑胶工业萌芽于20世纪50年代，当时的制品商大多处于摸索阶段，仅从事简单生产，技术知识贫乏。随着市场的扩大，厂家对技术性的要求相应提高。有鉴于此，他利用自己平日的化学专业知识，率先向厂商提供技术性的资料信息和市场需求情报。这一做法似和煦春风吹得塑胶业满眼生机。接着，他又组织考察团，亲自带一部分塑胶制品商，到外国参观有关先进设备和吸取先进生产技术，先后到过日本、韩国、欧洲、北美洲、澳大利亚……这些有意识的活动，不但使塑胶原料商和厂商之间建立了良好的关系，而且使香港的塑胶工业的发展翻开了新的一页。

1974年，为了提高塑胶原料商的业务水平和增进彼此间的合作，成立了香港塑胶原料商会。从1974年至1989年，黄保欣担任塑胶原料商会主席，领导会员撇开业务的恶性竞争，相互协商、联谊，齐心为香港工业和经济发展尽力。当时香港塑胶产品广泛地进入电器电子产品、日用品和其他辅助产品的行列，成为香港三大支柱产业之一，出口数额排在全港各类产品的第二位，塑胶玩具排在世界第一位。由于他拥有化学专业知识，对市场动态与规律的灵敏感觉，经营联侨公司的成就以及对香港塑胶业的贡献，终于赢得"塑胶原料大王"的美誉。

1962年，黄保欣被选为香港中华厂商联合会会董，1971年2月被推为常务会董，之后担任副会长、名誉会长。

任经济组　拟基本法

经济是基础，一个有理想的人，有了一定的基础，就想施展自己的抱负，报效社会，把自己的心血、智慧和才能奉献给群体，自然自己也受到应有的赏识和信任。

1979年9月1日，他出任香港立法议员，作为工商界喉舌。20世纪80年代，中英政府就香港问题进行谈判期间，他在立法局辩论中，立场坚定地陈词："香港本为中国领土，必须回归中国。"

1985年，他当了六年立法局议员后，向当局声明不再续任。后来因为是基本法起草委员，当局又委任他至1988年，前后历时九载。

1985年受命担任香港特别行政区基本法起草委员会委员，参加政制及经济小组工作，并任经济专题小组港方召集人。起草委员共59人，内地36人，香港23人，香港的起草委员根据基本法起草委员会的决定，于1985年12月18日成立了"基本法咨询委员会"，成员189人。

在重要历史时期，他公而忘私，将国际的政治、经济情况，同香港的特殊历史地位和具体实际情况相结合，为基本法的草拟修订，特别是经济一章，坚持保证相互长期利益的原则，做出了努力。

基本法起草历时四年八个月，各项会议117次。他在1995年11月5日接受《人民日报》的记者采访时说："从内容到形式都很符合实际，体现了香港的根本利益，令人相当满意。"由于他是经济专题小组港方召集人，他对记者分析基本法第一百零五条到一百三十五条的条文，把香港最根本的东西都做出了明确规定。他列举三个"不变"中的"保护原有资本主义制度五十年不变"，主要指的是确立关税地位，不管制外汇政策以及低税率政策，继续开放外汇、黄金、证券、期货市场等等。所有这一切都在根本上维持香港原有国际金融、贸易中心的地位。

他既全身心地投入基本法的草拟，又处处解释宣传基本法，让港人，让国人，让全世界的人，都知道起草委员会制定的基本法是保证香港继续繁荣昌盛的大法，让少数抱着怀疑曲解甚至仇视的人，也会慢慢地明白清醒过来。

他每年两次到美国看望儿女，在这一阶段也与当地学者和华侨交流谈论基本法及香港前景，深受他们的欢迎与信任，又寄过去一百本基本法，供他们阅读。

他就是这样与祖国的脉搏共同跳动的。

中英信任 主机管局

　　社会进化规律，应以人的价值作为一切主体的出发点和落脚点。人的最高象征是智慧，智慧是一个人最大的财富，是老天爷赐给人的最高勋章。高尚而纯洁的智慧，是构筑人类幸福的法宝。

　　就是这样，黄保欣于1988年8月12日被选为广东大亚湾核电站核安全咨询委员会主席。该核电站是粤港合资兴建的，工程先由法国设计公司交付图纸，后由承包施工队装置，最后再由设计公司就每一部分完成的工序做检查，粤港双方对核电站核安全标准要求很严格，国际原子能委员会派人前往大亚湾检验，重大事项都向委员会咨询，黄保欣非常重视，特别是建造质量和安全的措施。

　　因为核电站仅距香港居民区五十多公里，这一设施起初令人怀疑生畏，但大智就会产生大勇，他勇于负责，组织小组成员赴欧美考察，研究论证，并以诲人不倦的态度教育社会民众正确认识核电站及核安全，为大亚湾核电站的安全顺利运作做出贡献。

　　1991年11月，接受港英政府邀请，出任香港新机场有关工程咨询委员会主席。所谓有关工程包括青马大桥、西区隧道及三号干线等等。

　　香港的启德机场是世界上面积较小，设备完善，操作效率高，而客运、货运为全球最繁忙的国际机场之一。可这机场却建在人口密集的九龙区，要限制飞机升降的时间，当香港回归，那日益升腾的景象如何适应？

　　为了迎接新的21世纪，为了保持香港经济和国际航空中心的地位，建设新机场就成为中英双方共同的目标和任务。

　　1995年12月，黄保欣卸下咨询委员会主席职务，担任机场管理局第一任主席，实际负责新机场客运大楼及其他设施的具体建筑工作。

　　新机场选址大屿山，距香港市区34公里，港岛居民100万人，大屿山只有2万多人。机场管理局成立前，"临时机场管理局"已运作，大多数重要签约已批出，正式成立的机场管理局任务就是"执行和约"。也就是要确保28个月内新机场多项工程措施按期完成，预期在1998年4月正式启用。黄保欣于1995年12月1日上任机场管理局主席之后，深感原来的计划只建一条跑道实在不够，因此在1996年初，即提出加建第二条跑道的佳话。经中英双方努力，于1996年5月30日，中英联络小组正式联合决定：同意机场着手进行第二跑道及相关工程的建造准备，1997年正式动工。这一设施将使新机场每小时增加50架次航班。

1998年4月，新机场主体工程在预算启用期内如期竣工。7月2日，国家主席江泽民为新机场建成和启用揭幕。7月6日，机场正式启用。

1999年3月23日，他带着办公室经理谭仲豪到美国拉斯维加斯接受香港新机场被选为20世纪世界十大工程之一的荣誉，他的女儿、孙子六人也就近参加，组成了"香港代表团"。这是因为香港机场超越新加坡的樟宜机场、日本的大阪关西机场，甚至丹佛机场，夺得这个殊荣。

"这是香港人努力的成果，是所有人的光荣。"得奖后他说。

因为他的业绩和贡献，他又得到香港特区政府颁发的"大紫荆勋章"。

这是黄保欣用智慧和才能为香港、为祖国，成功构筑的一座人类幸福的里程碑。

"世事难料，留有余地。"这是他从人生经历得出的格言。

他决定离任，不再接受本地政府委任的公职，除董事职衔及现任港区全国人大代表、全国人大常委会香港特别行政区基本法委员会副主任。他要享受人生，打高尔夫球，当然还有陪伴照顾他的爱妻，以及注意亚洲电视的发展……

中国历史上有远见的人物，往往是功成身退的。这就是一个人的洒脱和磊落，黄保欣就是这样的一个。

办厂兴学 情系乡邦

"人生最重要的不是金钱，而是存在对于社会的价值"，饮水思源，报国、爱国、爱乡是他长期努力的方向和意愿。

他来港50年，足迹遍及欧美等许多国家，每到一处，都会联想到祖国，当看到自己祖国与别国的差距，内心就会燃起一股要奋力追赶的愿望。

1976年"文化大革命"结束，开始拨乱反正，他第二次踏足广州，了解民生国情，立志为振兴中华民族出力。他说："我希望多做一些对家乡、对香港和祖国有益的事情。"

他就是这样，本着"工业建设乃是国家经济发展的基础"和"要解决内地人口就业的问题"的宗旨，1985年先后投资100万港元在惠安合资兴建惠侨塑料制品厂。同时投资2000多万港元在厦门独资建厂房，创立厦门联侨有限公司，引进设备，吸收250多名员工，生产产品销往欧美、日本等，是港商在内地办厂的先驱。

1992年，他又将20世纪70年代创办的人造皮革厂搬进深圳，成立了联侨合成皮革（深圳）有限公司，增加投资6000万港元，引进三条自动生产线，吸收近200名员工，不但能制造花纹丰富而又物美价廉的中低档产品来满足一般市场的大量需求，还可以制造高档的仿鹿皮和超细维皮革。其产品适用于鞋帽、服装、手袋、银包、腰带、表带、眼镜盒、包装盒等日用品厂家产品制造的需要，销往世界各地。后来，联侨皮革厂被广东一带同行称为"老大哥"企业，这是他在内地办的第三家工厂。

同年，他深感福建省经济发展受电力不足的制约，毅然投资兴建第二期的漳平发电厂。1994年，漳平发电厂落成并正式投产。

一个人热爱祖国是要出之于心志，见之于步伐，他说："我搞投资，首先不是考虑赚钱，而是为了强国富民。办工厂使更多同胞受益，并且能为国家扩大发展经济的基础，让更多需要工作、需要生活出路的同胞有去处。"

他是热爱桑梓的，任香港惠安同乡总会永远名誉会长，对家乡文化教育事业关心尽力。为黄田老家锦溪小学设立奖教金和奖学金，在张坂中学建置以母亲名字骆柿命名的教学实验楼，在惠南中学兴建以父亲名字黄润苍命名的实验楼。又为母校泉州培元中学早日实现教学目标兴建"黄润苍教学楼"。1995年是他和夫人吴丽英女士于厦门大学毕业五十周年，这年6月，夫妇俩共同向母校捐赠港元500万元兴建"保欣丽英楼"，这是厦门大学通过国家"211工程"专家评审后收到的第一笔捐款。在校方举行的隆重受赠仪式上，他做了感人肺腑的发言，他说："我和丽英均于1945年毕业，几十年来，我们对母校心存感激，图求一报，今天是如愿了！"

此外，他又慧眼独具地解囊赞助浙江美院洪世清教授在崇武古城创作的"岩雕群"，这一艺苑奇葩被海内外文艺界称为"大地艺术之花"。1993年惠安石文化节，他亲临为"崇武古城岩雕"揭碑剪彩。

爱我河山　寄情抒怀

"做生意并非初衷。"他常这么说。

他从小的志向就是成为教授，成为一个学有专长的学者。

其实，他是学有所成、学有所长的，化学科学是他的专知，在几十年的塑胶领域中已熠熠生辉，光芒四射。而对于政治经济学才识的发挥更是淋漓尽致，他的政见论文、学术报告、访谈讲话，数见于香港内外的报纸杂志。同时，香港内外好几所院校聘他为名誉教授或授予博士学位。此外，他对于文学、艺术、诗词、音乐也是饶有素养和兴趣的。

一个有性灵的人，对作为中华文化瑰宝的传统诗词是容易倾注自己情怀的。在父亲的影响下，他从小就喜欢吟诵这种美妙而神奇、铿锵而和谐、韵味无穷的诗词。

以下随手选录他的几首诗作：

厦大六十周年校庆感怀

鹭江之滨⁽¹⁾，演武亭上⁽²⁾，南国弦歌始唱。

倾家兴学，公而忘私，嘉庚仁风永垂⁽³⁾。

汀水河畔⁽⁴⁾，北极阁下⁽⁵⁾，烽火书声不绝。

筚路蓝缕，鞠躬尽瘁，本栋智者大勇⁽⁶⁾。

囊萤映雪，求是笃行⁽⁷⁾，厦大育我恩深。

六十沧桑，光被上表，矢志止于至善⁽⁸⁾。

注释：

1. 厦门，又称鹭江或鹭岛。

2. 厦大校址，原为郑成功练兵之演武亭。

3. 厦大为陈嘉庚先生于1921年捐资创办。

4. 1937年抗战全面爆发，厦大迁往长汀设校，汀江流经长汀城中。

5. 厦大校园后面有山，山上有"北极阁"，为同学登高胜地。

6. 国际知名物理学家萨本栋博士于1937年接任校长。

7. 在长汀时，"囊萤斋""映雪斋""求是斋"为二、三、四年级男生宿舍，女生宿舍名"笃行斋"。

8. 厦门大学校训为"自强不息，止于至善"。

这首诗追怀大学时代的生活是"囊萤映雪"，"汀水河畔"，时为抗日战争，战火已燃遍祖国大地，但厦大仍"书声不绝"。他赞扬校主陈嘉庚"倾家兴学"是"仁风永垂"。校长萨本栋大智大勇，为办好厦大"鞠躬尽瘁"。母校恩深，自己转眼已沧桑六十，但秉志弥坚，追求真、善、美的人生，永不停息。

登阳关

阳关三叠久耳闻，墩墩山上残丘存。
古今英雄无尽泪，大漠风沙故国魂。
人道塞上风云险，我见暖日和风伴。
江山万里纵目尽，东南秀丽西北健。

这首诗写于1986年，他和基本法委员会的其他委员一同往甘肃河西走廊旅游，至敦煌观壁画，又上阳关，览绝塞。对于那广漠、孤烟的边关和古战场，自然心情澎湃，思绪飞驰，因而联想到无数英雄为了报国保疆，血溅沙场。而今风和日丽，天下太平，祖国的东南西北都是一派秀丽而雄奇的河山。

游武夷山

武夷仙境喜登临，九曲山水雨中寻。
幔亭翠绿好休憩，建阳专区意拳拳。

这首诗作于1988年夏，他与香港贸易局成员同游武夷山。武夷山的丹山碧水、轻烟薄雾、繁花茂木，令人心旷神怡，他们足跋青云、上天台，手撑长竿泛九曲，又受建阳专署的盛情款待，因而游兴浓浓而抒发了情怀。

互爱互助 两情绵绵

当年从贫瘠的惠安乡村走出来的一个大学生，今天是香港知名人士，他已经踩出了一条布满荆棘和鲜花的路。

一个人的成功并不是孤立的，贤惠的内助和温馨的家庭是其中最鼓励、慰藉的因素。

妻子吴丽英是位出生于鼓浪屿、来自晋江侨乡的贤淑、明慧的女性。他们俩同是1945年厦门大学毕业的校友。在校期间，一念化学系，一念历史系，相互仰慕才华人品，而缔结良缘。毕业后一齐到永安工作，有着缠绵而深沉的情爱。1946年1月22日（农历十二月二十日）在惠安基督教堂举行婚礼，由周永清牧师证婚。从此互爱互助，几十年如一日。

他们来港后，丽英先在培侨中学教书，1958年才和保欣共同经营化工原料业务。以后是公司执行董事，生意上的实际主持者；又担当起一切家务和养育四女二男，先后送他们到美国高等学府深造，找学校、办签证、备行李、买机票，全是她一人操办的。尽管业务忙碌，但一贯积极支持保欣参加香港的公共事务，自己也于1972年参与社会工作并授任保良局总理，做出了无私的奉献，受到公众的欢迎和敬重。她认为一个人应为更多人的幸福着想和尽力。

1972年，当所有孩子都外出留学，他们俩的生活又回到既忙碌、充实，又轻松、休闲的"二人世界"。深水湾的高尔夫球场成了他们清晨练球的地方，粉岭球会是他们周末过夜的场所。打球之余，他们对音乐，特别是古典音乐有自己的素养和兴趣。那些典雅沉蕴、悠扬而柔和的乐音，每当紧张繁忙之后，就需要这种平静和舒适。他们既懂得感情，又喜爱艺术，夫妻两人出国访问欧洲的时候，还抽空到维也纳、布尔格莱德、布达佩斯欣赏音乐和歌剧。每年至少两次去美国看望儿女，都免不了到林肯中心听交响乐、看歌剧或看芭蕾舞团表演。他们俩曾珍藏了一部由美国考比斯公司1919年出版的权威歌剧艺术辞典《考比斯歌剧大全》。1995年，他得知内地古典音乐资料匮乏，便慨然地把这部很有价值的稀贵工具书赠给内地艺术团体。

他回内地参加会议，丽英常偕行，开完会，便一同游览，一道认识祖国的大好河山，呼吸同样的空气，感受同样的情怀。而他们俩的情怀是融合在对中华民族对祖国的热爱中的。

1994年，他们全家二十几人在祖国北京相聚，他特意安排儿孙参观许多与民族命运有关的景点，如圆明园、颐和园、故宫博物院、卢沟桥、长城……他认为，要把这爱国情怀传给下一代。

如今，儿女们个个学有所成，或在美国成家立业，或回到香港继承父母事业。他们夫妇俩感到后继有人，满怀欣慰。

1996年1月22日，是他们俩结婚五十周年的喜辰。这一天，他们举行了金婚喜宴，宴会真是精思巧排。五十年金婚，丽英身穿五十年前的新婚旗袍，在黄先生的持扶下，迎接着前来祝贺的宾客……在宾客满座、儿孙绕膝的祥和欢乐气氛中，保欣激动地说："我们夫妻不论顺境、逆境，不论健康、疾病，我们相互扶持，我们永远在一起。"

现在丽英有老年性的疾病，必须休息、疗养、住院治疗，专人照护。保欣每天至少看她一趟，真是两情绵绵，地久天长。

生活历程　五彩缤纷

他生活的历程充满着缤纷的色彩。他努力所创造的价值，不断地得到社会的尊重和承认，获得了一串串的花环和一个个的桂冠。

1976年香港商会组团访问美国，他任团长，参加庆祝美国立国200周年活动，到纽约、华盛顿、芝加哥、达拉斯、哥伦布等市，受邀于议会演讲，且达拉斯市政府授他"荣誉市民"的称号，成为早年在美国宣传香港的一件盛事。

1977年因为他对香港的商业及对外贸易的贡献，英女王为表彰他的功绩，颁授OBE勋章。

1987年因为他对立法局财务委员会的贡献，英女王颁授CBE勋章。

1980年，港督委任他为非官员的太平绅士。

1993年，香港城市理工学院因他的才学和贡献授予其名誉工商管理学博士学位。

1994年6月，获深圳市"荣誉市民"的称号。同年9月，获

"南京荣誉市民"的称号，并被聘请为经济顾问。

同年12月，香港浸会大学在第三十五届毕业典礼上颁授荣誉社会科学博士学位。

荣誉是对他过去的褒奖，也是一种重量，一种动力，一种芬芳……

由于他对经济学的卓识，他担任起草委员会兼经济组的负责人，组织和草拟了受到各方面肯定和接纳的有关经济条款。

由于他在化学工业方面的知识和才能，他白手创办联侨企业有限公司，经营塑胶业。而塑胶业成为香港三大产业之一，他也被誉称"塑胶原料大王"。

他无论在立法局、港事顾问和筹委会等有关会议中，还是在新机场和大亚湾核电站工作中，都勇于负责，刚直敢言，见解精辟，胸怀豁达，受到大众的信赖和舆论的好评，并被寄予厚望。

时间在前进！

所有时间一旦属于过去，便一律成为令人缅怀的时刻。

他与时间赛跑，珍惜自己的每一步伐，把爱伟大的祖国、伟大的中华民族作为自己的信念。

他希望多做一些对家乡、对祖国和香港有益的事情。

他认为这样不停地努力工作，珍惜分分秒秒的时间，才能延长人的生命，才能提高人的价值，丰富人生的内容。

许许多多的人物，许许多多的事件，都是过了若干年，甚至若干世纪以后，才显出极其珍贵的历史价值。

黄保欣的历程是艰难创业而又辉煌灿烂的历程，他用一个个胜利的路碑，昭示他的走步。

他的一言一行，蕴含着他的耿耿丹心，爱国爱港爱乡的深沉而闪烁的情怀。

原载《香港的惠安人》

德高望重 贡献卓越

——记香港大紫荆勋章获得者黄保欣

庄永章

2001年4月，著名爱国华侨领袖陈嘉庚先生倾资创建、闻名中外的厦门大学隆重举行建校八十周年庆典。香港著名人士、大紫荆勋章获得者黄保欣捐建的嘉庚楼群一号楼——保欣丽英楼举行剪彩仪式。笔者有幸与多年的忘年之交黄保欣先生再次相聚于南方之强的巍巍学府，聆听黄老先生一席语重心长的谈话，如沐春风，倍受鼓舞。2004年新春伊始，正当笔者主持编辑"闽南儿女"丛书第二辑之际，将搜集到的有关黄老先生的资料加以整理，并通过所见所闻，写下这篇文章，将黄老先生一向关心热衷参与香港及内地各项工商活动和社会公益事业做一次如实介绍，让读者更亲切地感受德高望重、贡献卓越的黄保欣先生的许多动人往事。

厦大学子 誉满香江

黄保欣先生1923年出生于福建省惠安县下埔村，1941年9月考入厦门大学化学系。大学毕业后，曾在永安福建省研究院工业研究所当研究生，先后到厦门双十中学、泉州南侨中学和惠安惠南中学教书。

1948年初，他告别家乡，前往香港，从普通职员做起，逐步走上创业之路。到20世纪70年代，他所创办的联侨企业有限公司业绩突出，他也因此赢得"塑胶原料大王"的美誉。

60年代，香港经济起飞，很需要有现代科学知识和管理能力的人才。在这种历史机遇中黄保欣脱颖而山。1971年初，黄保欣作为香港中华厂商联合会常务会董，对经济社会问题的研究不断深入，时有创见。他担任贸易发展局理事时，法国对香港部分货物入口采取严格限制，黄保欣认为很不合理，积极建议贸易发展局出面交涉。在他的努力下，1974年派出由简悦强爵士带领的访法团赴法进行磋商，取消了法国对香港玩具出口的限制，并且在巴黎设立了贸易发展局办事处，举办大型研讨会，成功地推动法国商界到香港投资。

这之后，黄保欣先生率领访问团出访东欧，途经南斯拉夫、匈牙利、捷克、波兰等国，是香港贸易团访问东欧的先驱。随后，他又多次率团访东欧、西欧、拉丁美洲、大洋洲以及日本、韩国和东南亚国家，进一步拓展香港海外市场。

1976年，他率领香港中华厂商联合会代表团参加庆祝美国立国200周年活动，在多个城市议会发表演讲，成为早年在美国广泛宣传香港、拓展香港贸易、吸引外界到香港投资的一件盛事。美国达拉斯市政府授予黄保欣"荣誉市民"称号。

1977年，黄保欣因在香港工商业及对外贸易发展中所做的贡献，被授予OBE勋章。

20世纪80年代初，港英政府开始酝酿兴建"香港文化艺术中心"的议案。作为立法局议员又兼任香港演艺发展局委员的黄保欣先生，为了让市民受到文化艺术的熏陶，弘扬中华文化，促进东西方文化艺术交流，坚持主张兴建。经过努力，风格独具的"香港文化艺术中心"终于在九龙岸边落成，成为香港的一座标志性建筑，使这座商业城市增添了文化气氛。

黄保欣先生身为立法局议员，把香港的高等教育也挂在心上。他在立法局会上指出：根据其他国家和地区的经验，香港至少应该有7所大学。当时，香港还只有"港大"和"中大"两所大学，如今香港已经办起7所大学，黄保欣的预言实现了。他除了先后担任过浸会学院校董会主席和香港大学校董外，1985年起还一直担任香港理工学院工商管理课程毕业生协会赞助人，为这些院校的发展做了许多实质性的工作，付出极大的努力。

1977年，黄保欣受任香港廉政公署防止贪污咨询委员会委员。1979年，又受任香港业主与租客（综合）条例检讨委员会委员，为港英政府和社会事业的廉政工作起到积极的推动作用。

1979年至1988年，黄保欣先生连续9年荣任立法局非官守议员。这期间，他还陆续兼任香港贸易咨询委员会委员、香港工业总会理事会委员、香港贸易发展局中国贸易咨询委员会主席、香港浸会学院校董会主席、香港演艺发展局委员、香港大学校董、香港职业训练局副主席。他身兼多职，无论干什么，都是尽心尽责，深得公众的拥戴。

1980年，他荣获"太平绅士"称号。

为人刚正 勇于直言

黄保欣先生为人刚正，坚持原则，勇于直言。

1982年，中英政府将香港回归问题提到正式议程上来，立法局就香港问题展开辩论。黄保欣义正词严地主张："香港本是中国的领土，必须回归。"

英国主张香港回归后，对香港的管治权再由英国保留30年，他坚决表示反对："当年中国人民为了夺回家园，与日本侵略者进行八年浴血奋战。今天，当英国人侵占香港的期限结束的时候，没理由再让中国人继续蒙受历史遗留下的耻辱。"

这位从贫瘠的惠安乡村走出来的强者，登上立法局的讲台，用流利的英语做正式陈词，他义正词严地重申香港本来就是中国的领土，是被英国侵占的。

这一切充分体现了这位爱国者的赤子之心。

1984年12月19日，中英两国政府历时两年，经过22轮谈判，正式签署中英关于香港问题的联合声明。1985年7月1日，香港特别行政区基本法起草委员会成立，黄保欣受命担任基本法起草委员会委员，参加政制和经济两个小组的工作，并担任经济专题小组港方召集人。这个小组有一些香港工商界的知名人士如霍英东、李嘉诚、查济民等。黄保欣带着一种强烈的使命感，全身心地投入起草工作。在起草经济部分条文时，大家都遵守联合声明的精神，特别是关于土地契约、航运、民航的条文。在提到香港继续实行低税政策一项时，有些人不赞成，认为这样做太保守，会捆住未来特别行政区政府的手脚。黄保欣认为：公共开支和社会福利应该逐年增加，但必须有个限度，扩大公共开支，市民会欢迎的，但如果太过分了，从长远看是不利的。他耐心地向大家解释："政府花的钱一多，就要提高税率，而税率一提高，外来资本和香港本地资本就有可能抽到税率低的地区去。资金一旦流失，就会影响香港的经济活力。现在香港的税率低于其他地区，这是香港经济发展的立足点，不能改变。"在经济一章中，黄保欣极力坚持政府开支要"量入为出"、不管制外汇等重要条文。由于他担任立法局议员时主要参与政府财经与公用建筑工作，对香港的经济运作比较熟悉，他提出的一些意见被采纳并列入基本法条文内。

1986年4月，苏联切尔诺贝利核电厂发生事故，引起了香港居民对距离50多公里外的广东大亚湾核电站的忧虑与恐惧。广东大亚湾核电站核安全咨询委员会成立后，黄保欣作为港方代表出任该委员会主席。他同全体委员对大亚湾核电站的工程设计及核安全措施做了全面、深刻的了解，提出了积极建议。他以诲人不倦的态度去教育社会大众，为香港人正确认识核电及核安全、消除疑虑起到了积极作用，也为大亚湾核电站的安全顺利运营做出贡献。

1990年，当基本法正式公布后，身为基本法起草委员会委员的黄保欣先生功成身退，转而参与由安子介主席倡建的"一国两制"经济研究中心的工作，并兼任中心副主席职务。黄保欣先生对于"一国两制"下的香港前景充满信心，并对经济研究中心的工作和落实基本法方面提出了不少有益的看法。他说："落实'一国两制'政策的关键在于坚决维护基本法。由于'一国两制'是个崭新的概念，港人往往强调'两制'，而内地人则往往强调'一国'，两地同胞在理解上都有片面性，这中间要取得一个好的平衡。如果是国家主权之外的事，我认为应该满足港人两'制'的意愿；如果涉及到主权，则是绝对不能改变的，主权应该放于第一位。"他还利用自己在港人中的影响力，在不同场合进行了30多场次的演讲，一方面宣传基本法，讲解"一国两制"，唤起港人的民族意识，激发港人作为主人的自豪感；另一方面，鼓励港商继续在香港这片土地上扎根，为香港"九七"后的繁荣、为祖国的经济和民族事业做贡献。

1993年，香港城市理工学院授予他名誉工商管理学博士学位，同时在赞词中指出："作为一位成功的企业家，黄保欣先生服务于香港社会大众已数十年，自从投身参与公务起，他经营的企业错过了这段时间里出现的许多机会，在进展上没法达到应有的速度。但是他所致力管理的是比工商业务还要广泛的香港事务，香港人都为有这样一位公而忘私的市民感到荣幸。授予黄保欣先生名誉工商管理学博士学位乃是恰当的，是受之无愧的。"

1994年，黄保欣先生又荣获香港浸会大学授予的荣誉社会科学博士学位。同年，他分别荣获深圳市首批"荣誉市民"称号及南京市"荣誉市民"称号，并被聘为经济顾问。

德高望重　重任在肩

香港经过长期的努力，特别是最近二三十年的开拓，不仅成为国际商业金融中心，而且是亚洲的交通枢纽和旅游胜地，启德机场已无法满足空运的需求。因此，兴建一个新的大型国际机场对香港的发展意义重大。为了配合亚太地区经济发展的需要，迎接21世纪的挑战，继续保持香港原有的国际中心地位，港英政府拟定了以新机场建筑为核心的21世纪"都会建设"蓝图。

1991年，港英政府成立了"临时机场管理局"，根据中英双方协议又成立了"新机场有关工程咨询委员会"，黄保欣出任"机咨委"主席，开始为这项跨越"九七"的举世闻名大工程"架桥铺路"。到1995年12月1日香港机场管理局正式成立时，中英双方决定由黄保欣先生担任主席。港英政府有关方面负责人说："委任是以个人身份和经验是否适合这份工作，并非因代表的机构和具备的背景。"可知他担任这一关系到香港未来的职务，是几经筛选、比较而众望所归的。有人说，他是中英双方一致认同的唯一跨越"九七"的"坐直通车"的人物。对于担任多个社会公职的黄老来说，机场管理局主席的职务也许是涉及最广、责任最重、意义最大的。能肩负这项光荣使命，亲身投入这项世界罕见的伟大建设，他深感荣幸。

然而，他也面对着重大的挑战：机场管理局成立之前，临时机场管理局已运作了近6年之久，大多数重要的建筑合约都已批出，可以说是大局已定。因此，机场管理局的职责就是"执行合约"。也就是说，要确保在28个月内，使机场上的各项工程设施遵照已订下的财政预算按期完成，并于原定的1998年4月正式启用。如果有问题，也必须在"准时"和"不超过预算"的前提之下加以解决。而且机场管理局有权负责，以审慎的商业手法经营机场、筹措资金、吸引私营机构参与发展机场的商业设施。

黄保欣不负众望，在出任机场管理局主席不到一年的时间里，各项工程如火如荼地展开。到1996年底，75％的工程已经竣工，第一跑道也即将落成。

新机场首期工程原计划先建一条跑道，由于考虑到一条跑道在机场启用一年内将达到饱和，机场管理局果断地做出决定："提早兴建第二条跑道"，并提交中英联络小组联合讨论。1996年5月30日，中英联合联络小组新机场委员会正式决定：同意机场管理局立即着手进行第二条跑道及相关工程所需的设计和建造准备工作，于1997年提前动工。这些提前增建的设施将使新机场运作首年的跑道容量每小时增加至50架次航班，至少确保10年内机场的客流量畅通无阻。

1997年2月20日，黄保欣先生与其他负责人乘坐一架由启德机场起飞的小型飞机，成功地降落在赤鱲角机场跑道上，这是新机场工程一个重要的里程碑，也是他人生道路上的一个重要里程碑。

赤子情深 奉献社会

笔者是黄保欣多年的老朋友，虽然我们之间平时交往不多，但心永远是相通的。黄保欣在尽心尽力为香港的繁荣和稳定做出大量工作和奉献的同时，念念不忘祖国富强壮大，时刻关心家乡建设发展。他先后投资创立厦门联侨有限公司和泉州惠安惠侨塑料制品厂。1992年，黄保欣又将1970年在香港创办的人造皮革厂搬到深圳，成立联侨合成皮革（深圳）有限公司。这是他在内地兴办的第三家工厂。

黄保欣始终认为，一个国家，一个民族的强盛，教育仍是根本大计。十年树木，百年树人，再穷也不能穷教育，科教兴国是繁荣国家的必由之路。由于有这样的理解和信念，几十年来他慷慨捐资办学。1995年为母校泉州培元中学早日实现教学目标，他捐资200万港元兴建"黄润苍教学楼"。2001年4月厦门大学建校80周年庆典时，黄保欣向母校捐资500万港元兴建的嘉庚楼群一号楼——"保欣丽英楼"胜利落成。黄保欣捐赠厦门大学的500万港元是厦门通过国家"211工程"专家评审后收到的第一笔巨额捐资。在校方举行隆重的受赠仪式上，黄保欣发表了感人肺腑的谈话："我和丽英均于1945年毕业，几十年来，我们对母校心存感激，图求一报，今天是如愿了！"其赤子之心、悠悠之情在字里行间体现得淋漓尽致，让人深受感动！

几十年来，黄保欣对社会、对家乡所做出的贡献是巨大的，更让人们镌刻在心上的是黄保欣几十年如一日，始终保持虚怀若谷、坦荡磊落的胸怀。他虽然贡献良多，德高望重，但都保持谦逊礼让的高尚品格，对人真诚，对事负责，使他有良好的口碑，不论走到哪里都受到人们的拥戴。1993年，黄保欣荣获香港城市理工学院名誉工商管理学博士学位，1994年再获香港浸会大学颁发的荣誉社会科学博士学位，1996年被聘为福建师范大学名誉教授。黄保欣还先后荣获深圳市、厦门市"荣誉市民"称号。1998年，香港特别行政区政府授予黄保欣"大紫荆勋章"。

黄保欣功劳彪炳，德高望重，贡献卓越，光耀闽南。

原载《闽南儿女》

致力于香港繁荣发展的
黄保欣先生

庄健民

　　厦门大学旅港校友会建议为校友黄保欣先生写一简介，编入香港高校联合出版的英才谱。笔者与黄先生相识多年，近日再访他，谈谈在香港的近事往事，撰写本文。

经营有方的生意人

　　黄保欣校友是福建惠安人，1945年化学系毕业。毕业后在福建战时省会——永安的福建省研究院工业研究所当研究生，工作一年，亦在中学教过书，至1948年2月来港。他的夫人吴丽英校友则于1945年历史系毕业，毕业后与黄保欣同在永安的省立永安师范教书。1946年初，他们在惠安结婚，吴校友继续在厦门鼓浪屿怀仁女中任教，至1949年7月才来香港。从此二人在香港定居至今，并发展他们共同的事业。

　　黄先生1948年至1957年10年间在本港永乐西街一家出入口商行工作，做的是南洋办庄生意，一直以为工作与自己所学没有关系，曾经想返内地工作，但没有成行。1958年，他决心成立联侨企业有限公司，以发展与化学有关的业务，一偿心愿。第一年的业务重心以供应塑胶厂、树胶厂、电池厂、搪瓷厂四种工业用原料为主，后来渐渐发展成为塑胶业的贸易及制造厂为主。

　　黄先生以他的化学专业知识，于经营塑胶原料及机器业务时，能详细地介绍各项原料的性质、加工技术及各种加工机器等深受同行厂商尊重。除此之外，他更经常参与各行业的商会活动，并组织访问团往外国观摩，以提高香港塑胶业的技术水平。

　　黄先生认为制造工业是社会创造财富的主要来源之一。

1964年，他成立泛洋渔具有限公司，生产聚乙烯单丝制成渔业用绳索及织渔网用的渔网线，广销本港及非洲、中东一带，更于1970年筹组日本以外、亚洲第一家人造皮革制造厂，向德国采购机器，聘德籍工程师，于1972年开始生产。随后台湾地区、韩国相继出现大规模人造皮革生产厂，联侨的人造皮革厂于1992年迁往深圳，内地现有人造皮革厂200余家，在温州一地即近百家，过去多年来，温州的厂家到深圳联侨陆续聘去的技术人员近百人。

热心公益事业的社会活动家

1962年香港中华厂商联合会改选，黄先生当选为会董，这是他参与社会活动的第一步。1965年，他获选为常务会董，并开始在每年一度的工业展览会任职。1967年工展会在香港举行，他担任布置部长，在大会的入口处竖立两个大牌子，一边是10年来香港进口金额增长曲线，另一边是出口金额增长曲线，电视台特写播出。这次算是将香港的贸易数次展现在大众面前。1970年，他当选为该会副会长，后又被聘为名誉会长。

20世纪60年代后期，黄先生在报刊撰写文章及在扶轮社演讲，谈论香港工业发展、工业人力问题，以及在香港设炼油厂及发展化学工业等，使得此等问题渐为社会所知。1972年，他被政府委任为香港贸易发展局委员及工商业咨询委员会委员。随后任理工学院化学工艺咨询委员会主席。在任贸易发展局委员期间，黄先生积极推动与法国的贸易往来，并多次随团访问巴黎，做贸易推广工作。1974年，他率领贸易发展局贸易团赴东欧南斯拉夫、匈牙利、捷克、波兰等国，为香港工商界开展东欧市场踏出了第一步。

黄先生在香港贸易发展局获委任为委员两次，第一次在1972—1978年间，他以厂商会的代表身份加入。1980年复以个人身份获委任为委员，并历时近10年，于1989年退下，两次前后共16年。后期他专注担任中国贸易咨询委员会主席，全力为贸发局拓展内地的工作，推动在北京、广州等地设立办事处，加强与内地的中国贸易促进委员会（贸促会）及各省市分会的联系。1985年10月，他任团长率贸发局的访问团到巴黎参加发布会，参加的欧洲各地工商人士达300人，盛况一时。

1976年，他为香港厂商会担任美国建国200周年庆贺团团长，访问旧金山、芝加哥、纽约、华盛顿、达拉斯及洛杉矶各市，并代表商会在多个市议会及商会演讲，介绍香港情况，获美国达拉斯市荣誉市民称号。

1977年，他以对香港工商业发展及促进对外贸易的贡献获英女王颁授OBE勋章。

1979年9月黄先生获委任为立法非官守议员，至1988年8月，历时9年。任议员期间，他是立法局财政委员会及工务建设小组的成员，关注香港经济发展及财政预算，以及道路等公共设施建议的审查。他更对政府承建商在工程建设中向政府索偿问题、电力公司电费问题、公共设施的优先建设问题发表意见，特别是在立法局发言催促立即动工修建东区走廊，解决当时由北角到中环乘汽车要花4个小时及市民被迫乘小轮由北角到中环的困境。他在工务小组会议上力主兴建尖沙咀的文化中心，以提供必需的文化设施。

1982年，当时公共开支占本港GDP的百分比增加至18.7%左右，黄先生在立法局发言，要求财政司设法减至15%以下。最后，下降至16%~17%。

1983年，政府开始以公布资助浸会大学的前身浸会学院，并委任黄先生为该校校董。于1987年至1989年，黄先生更出任校董会主席。

为"九七"香港回归做贡献

中、英两国为香港问题谈判期间，黄先生曾在立法局发言。在香港基本法草拟期间，黄先生在立法局开会时多次与当时的议员同僚在香港基本法的问题上针锋相对。

1985年6月，香港特别行政区基本法起草委员会成立，黄先生获委任为起草委员。他参加了政制小组及经济小组，并任经济小组的港方召集人。在政制发展方面，黄先生认为香港历经100多年的殖民统治，政制发展一定要循序渐进。在经济方面，他认为香港缺乏天然资源，力主"量入为出"的财政政策，绝不能有赤字预算，并提议限制公共开支不能超过GDP的20%，但最终却不获接受。为此，黄先生曾与美国一些有同样主张的"宪法经济学派"的学者多次交流讨论，也曾受到一些报纸传媒的言论攻击。另外，他坚持在基本法中写明"外汇不受管制"，认为这样才可留住资金，保证资金不流失。

　　1987年，黄先生以在立法局财务委员会的贡献，获英女王颁授CBE勋章。

　　1990年4月，全国人大通过了基本法以后，黄先生认为可以专心回来做生意了。不料，香港最后一任总督彭定康发表上任后第一份施政报告，改变了他的想法。那天下午黄先生在电视机前听完全部报告，当天晚上他写了一篇"商榷"的文章，认为彭的报告中关于政制发展部分违背了基本法及中英双方的协议。第二天，文章在三份报章发表，隔一天又由另一张报纸转载。黄先生又获委任为港事顾问、香港特别行政区预备工作委员会委员，参加政制、经济两个小组，也是后来的特别行政区筹备工作委员会委员，直到1997年7月1日香港回归。他清楚记得1997年6月30日晚在滂沱大雨中参加了英国方面的告别仪式，告别宴会、中英交接仪式、行政长官宣誓、立法会宣誓成立等过程，回到家里已是凌晨3时。7月1日早上7时，又赶到机场前往北京，在中午接受全国人大常委会委任的香港特别行政区基本法委员会副主任。委员会随即开会并通过，建议全国人大常委会表决通过在基本法附件三，列入在香港特别行政区实施的全国性法律，由此成了香港特别行政区的法律依据。基本法委员会委员的任期是5年，2002年，黄先生获再委任副主任5年。他于1998年、2002年被选为全国人大代表。

　　黄先生多次对我说明，他在念小学四年级时发生"九一八"日本侵略东三省事件，老师叫全班同学画一张东三省地图，并嘱咐我们要记得东三省是我们的领土。随后又发生"一·二八"淞沪抗战，"七七"后全面抗战，他在中学与大学度过。在厦门大学就读的四年中，日本飞机曾多次轰炸厦大校舍及市区，使他对祖国的苦难有深切的感受并渴望祖国有一天真的站起来。

1986年，我国政府在大亚湾筹建核电站，恰好苏联的切尔诺贝利核电站发生严重事故，祸害深远。香港人以大亚湾离港只50公里，惶恐有事故发生时受到波及。于是在一些人的鼓动之下，反对声音鹊起，有人号称搜集了100万人的签名反对，主要的说法有两点：一是核电不安全，二是中国人没有能力管理核电站。因此，大亚湾核电站成为香港立法局的辩论议题，在1986年7月16日立法局的辩论中，黄先生根据他所知的事实在立法局辩论中强调，一是核电站基本上是安全的，全世界已有几百座；二是我国有足够的人才管理核电站，项目不应该被反对。随后立法局成立大亚湾核电站关注小组，黄先生任召集人，当时便组织多家媒体前往大亚湾视察，并与核电站负责人开会讨论各项安全问题，协助与传播媒介沟通。由于报章及各传播媒介都十分重视此事，纷纷派员前去参与访问开会，提问亦十分踊跃。到了1988年8月，核电站便邀请香港12人加内地专家2人成立"大亚湾核电站核安全咨询委员会"，黄先生任主席，同时由港英政府与美国能源部安排黄先生前往美国参观芝加哥及费城两座核电站，了解他们的安全措施，同时又访问了西屋公司核电方面的负责人，带回不少核安全方面的具体资料交大亚湾参考。大亚湾核电站于1994年后，两座各90万千瓦的电站先后使用，第二期的岭澳核电站两座各100万千瓦的核电站先后建成发电，第三期的两座也在建设中。10多年来，核电站运作安全正常，在参加国际核电组织比较中各项成绩亦名列前茅，港人也放下了心。这个安全咨询委员会由黄先生任主席直至2005年初，现在黄先生担任名誉主席。

受任主持香港新机场工程项目

1989年，港督卫奕信爵士宣布被称为"玫瑰园"的大计划，要耗资1000多亿港元在赤鱲角建设新机场。黄先生当时已不是立法局议员，他看了新机场的计划内容后，觉得似曾相识，原来在1980年代初，他当时还是立法局议员，有一天港督麦理浩爵士在早上八时半召开一次会议，提出一项建新机场的计划，还分发一些图表，大体上与卫奕信宣布的差不多。当时颇引起注意，但这计划在1982年间由当时的财政司彭立治宣布因费用太高，政府资金不足而搁置。

卫奕信提出的计划，除机场外，加上机场铁路、三号干线、西区隧道、大屿山公路等共10个项目，预计耗资1700亿港元，除政府投资外，亦有私人投资。因为这计划跨越1997年，必须得到中英政府同意，但在初期，两国对此项计划并未达成一致共识，黄先生及其他团体到北京访问时，亦趁机以香港需要这些设施而建议中央政府接纳。当1991年取得协议时，中英双方联合成立"新机场及有关工程咨询委员会"，委员共60人，由双方同意委任，并由黄保欣先生任主席，负责检讨监督10项新机场计划的实施。委员会在填海初期即至海中工地视察，开会相当频繁，政府则成立"临时机场管理局"，由财政司任主席，进行各项工程。

1995年12月1日，中英双方关于新机场建设的财务安排亦已取得协议，正式的机场管理局成立。双方协议任黄先生为第一任机场管理局主席，机场客运大楼及相关设施在填好的土地上积极兴建。紧接下来是与财政司签财务安排协议，与48家银行签署港元82亿元的贷款协议，原定机场的启用期是1998年4月1日，为了避免工程延误，黄先生每周与行政总裁及工程总监开会跟踪工程进度。当时社会上特别是航空界人士认为新机场根据原来计划只有一条跑道，将来一定不够用，而且如有飞机意外，一条跑道不能使用时，即使是时间不长，对香港的影响

215

也是不可接受的。因此，黄先生上任不过几个星期，就决定向中英双方要求批准建第二条跑道，机场管理局工程及财务部门随即在短时间内提出计划，得到港英政府以及中英联合联络小组的中方负责机场官员大力支持。1996年5月，在珠海开会的特别行政区筹备委员会批准，进行第二条跑道的建设，并于1999年5月启用。

新机场最后定名为香港国际机场。1998年7月2日，国家主席江泽民为香港国际机场建成和启用揭幕。7月6日，机场正式启用。黄先生的首任机场管理局主席任期于1999年5月30日终止。

1998年10月，行政长官董建华颁授大紫荆勋章予黄保欣先生。

黄先生现在仍担任行政局及立法局议员薪津独立委员会、区议员薪津独立委员会及行政长官薪酬及离职后安排独立委员会三个委员会的主席。

黄先生笑谈他在香港50多年的生活确实值得回味，学生时代的志愿是做工程师或研究工作，但却成为生意人。他对政治没有兴趣，却做了不少与政府有关的非官员的工作，不过多是经济方面的事，实在是来香港时没有想到的。

50多年来香港变化极大，香港经济蓬勃，地方虽小，却在世界上有独特的地位，黄先生自我感受极深。回归八年以来，政治争拗越来越多，这不是他愿见的事，但他深信，一个快速进步及前进中的中国，一定有把握使香港保持它的繁荣。

原载《厦门大学旅港校友英才谱》，2005年8月

峥嵘岁月忆联侨

孙照宇

1976年，黄保欣先生第二次踏上阔别了二十几年的广州，他着急于了解民生国情，寻找为祖国民族出力的机会。他对当时接待他的内地官员直抒心扉："我希望多做一些对家乡、对香港和祖国有益的事情。"作为港商在内地办厂的先驱，1985年内地四大经济特区刚刚草创，他就捷足先登，独资2000多万港元在厦门经济特区湖里工业区兴办了厦门联侨有限公司。厦门联侨引进国外先进设备，实现了当年开工、当年开业投产、当年取得收益，解决了250多名员工的就业。随着生产规模的扩大，又多次增加人员和设备，成了厦门特区的"双优企业"。

在老家惠安，作为一名精明的企业家，保欣先生并不计较投资环境、投资回报率等他本该关心的指标，20世纪80年代初，他就率先投资15万美元，扩建惠安纺织厂，并赠货车两部，以供该厂运输之用。投资17万美元，与惠安合资创建惠侨塑料制品厂。

1992年，保欣先生在深圳龙岗成立了联侨合成皮革（深圳）有限公司。增加投资6000万港元，引进三条自动生产线，聘用200多名员工。

1992年，以张家坤副省长为团长的福建省招商洽谈代表团赴港招商，为解决家乡福建经济发展长期受困于电力不足的瓶颈制约，保欣先生毅然投资5000万美元兴建漳平发电厂二期项目。1994年，漳平发电厂二期项目如期落成并正式投产，发挥了很好的社会效益和经济效益。

作为亲历者和得力干将，回忆起当年的联侨岁月，黄保欣先生的外甥林格力和胞妹黄婉欣至今仍历历在目。

1982年，吕长树（南安人）的塑料制品厂资金管理发生了问题。林格力临时受命，被大舅父派驻这间工厂坐镇，负责每天监督检查工厂的产品生产、原料进出和资金流向。之前林格力对塑胶业没有一丁点的认识，只好在工余时间放弃了英语和企业管理学、金融学的自学，转而专注于自学"塑料工厂管理""塑料原料学""塑料机械学"等课程。

吕先生的工厂停产之后，香港联侨公司投资兴办了自己的塑料厂，林格力被任命为第一任厂长。

当时正是中英联络谈判最紧张的时候，公而忘私的黄保欣先生主要精力都投在了公共服务领域。他常常刚在北京开完了中英谈判会议，就匆匆赶回香港，一下飞机就直奔联侨系属下公司工厂。林格力记得，工厂来自澳大利亚和新西兰的订单很多，加班赶订单是家常便饭。那段时间的周末，黄保欣先生经常和林格力在工厂里一起加班，处理一些重要的厂务。

1983年，香港越洋实业的胶袋订单越来越多。受舅父大人的委托，林格力分别考察了厦门第三、五塑料厂，福州第一、四、五、七塑料厂，三明塑料厂之后，代表联侨企业与厦门市政府签订了一份意向合作书，拟和厦门建发公司化工部、厦门第三塑料厂（以低密度吹塑薄膜为主）成立合资公司。

不久，惠安县政府首次赴港考察，陈秋贵县长和江寿华主任在林格力的办公桌上看到了这份意向协议书，便向保欣先生提出希望他也在家乡办一家同样的企业。保欣先生二话没说，当即交代林格力代表联侨企业就和惠安县政府（以惠安二轻局为主体）签订了一份合作意向书，计划年产150吨至200吨薄膜产品，工厂选址惠安县洛阳镇。

1984年，受福建省委书记项南的邀请，保欣先生率林格力等人考察了厦门市、福州市和泉州市。考察期间，省特区开发办林开钦主任以及省委政研室、省经贸委给予了高规格接待，他们先后下榻于厦门宾馆一号楼、西湖宾馆一号楼，考察了厦门建发公司和鼓浪屿内厝沃的第三塑料厂。在福州，项南书记建议保欣先生独资设厂，不一定要合资。

经过一年多的努力，1985年，终于完成厦门联侨企业有限公司（独资）、惠安惠侨塑料制品有限公司（合资）、深圳天海企业有限公司（与航天航空工业部江汉公司合资）的所有注册、成立手续，并于当年底正式投产。紧接着，1986年完成了与中国石油化工部兰州化学工业公司在厦门的合资，金桥塑胶企业有限公司也顺利成立。

黄婉欣是在1984年底接到大哥的亲笔信，是委托吴乙顺先生亲手带到南京的。黄保欣先生在信中邀请妹妹和妹夫卢先生到厦门帮他开工厂。黄婉欣夫妇有着二十多年的国有化工企业从业经验，当时正希望能回到闽南老家工作，于是决定放弃安稳的大锅饭工作。

1985年初，三哥黄哲欣（陈中群）接连电话、电报催妹妹一家速回厦门，因为林格力等人早已做好了建厂的前期工作。

为了缩短筹建时间，厦门联侨走捷径买了现成的厂房。该厂房建筑原来是日本人建的食品厂，因故没有开业，宿舍后勤等附属设施基本齐全。1983年，林格力到湖里看过所有拟转让的现成厂房，但厦华、兴厦、建发、七机部（航空航天工业部）、五机部（北方工业公司）等的厂房都不够高度（需要6米以上），所以最终以1600万美元买了日本人的这些资产。

林格力记得附属的6座宿舍楼每座评估价格在20000至25000元人民币之间。当时政府要求用外汇券购买，但官方挂牌价外汇1美元只兑2元多人民币，和自由汇率1比4元多相差太大。林格力于是请北方公司叶荣南总经理先用人民币购入，再转让给联侨。公司草创，能省就省。

黄婉欣到厦门后的第一件事就是招工和招聘写字楼的工作人员。管理员名额董事长规定只能5人，经理吴俊明、副经理黄婉欣、总管（厂长）卢之礼是黄保欣先生定的。会计和英文秘书由黄哲欣先生的朋友黄茜帮忙，请了柯慧英和周锡略。招工则先笔试后面试，坚持用人唯贤唯才、管理以人为本。很多第一批进厂的工人都成了骨干，有的还成长为部门主管、质检。

因在国有企业多年，黄婉欣深知大锅饭的弊端，所以联侨工人的薪酬待遇采用基本工资、计件、勤工奖相结合的激励机制。其中的先进员工还安排到香港观光，由董事长亲自接见并当场奖励。公司为职工提供了条件尚优的住宿等配套，符合条件的还协助政府部门解决了农村户口问题，如黄少柏、张辉亮等员工。员工家里逢有红白喜事的，黄婉欣也都遵照当地的习俗，代表公司关心到位。

老卢是军人转业的阿兵哥，管理严格，有时方式方法生硬了一些，黄婉欣知道了都会悄悄补台，背后安抚这些受了小委屈的员工。还有就是要竭力平衡各方利益。家族式管理的侨资企业，用现在时髦的话说，既要靠制度规范激励人，也要以感情留人。当时内地经济刚刚起飞，好的就业岗位极其稀缺，通过各种关系前来求职的人络绎不绝，但企业岗位有限，而且并不是来的人都适合联侨。对那些不符合聘用条件的，黄婉欣在好言婉辞之余，总不忘细心地留饭，甚至赠给路费后再让其离开。

回忆起在厦门联侨坐镇十年的峥嵘岁月，黄婉欣感慨良多，虽说有困难，压力也不小，但靠着协商、请示、退让，都对付过去了！

颇有成就感的是，黄婉欣在厦门联侨改进了成本核算和报价方法。虽然越洋原来有基础，但是她不满意。凭着自己良好的数学基础，她和三哥的大女婿魏炳成的妹妹魏炳芬一起，研究了电脑报价的方程式，请了厦大的电脑老师来编程，实现了电脑自动报价打单。她还自行设计了计算油墨的公式和图表，大大提高了管理质量和效率。

黄婉欣还主持扩建了新厂房。由于建发公司有关邻厂华美烟厂的红线图出错，导致联侨的围墙不得不后退数米。因为正好前面还有空地，联侨请求政府划出一块补偿。经过多番协商谈判，当然老板也有出面，终于批下了这块地。经委托长沙设计院设计后，黄婉欣请了她的高中同学许锦良（南平建筑工程公司退休）来监理，终于在很短时间内建成了六层新厂房和写字楼。

经公司上下团结一致，人人努力，厦门联侨实现了当年投产、当年取得收益，成为特区的明星企业。后来即使在1998年国际金融危机期间，依然实现净利润500多万元，和漳平发电厂一起成为当年内地为数不多的盈利港资企业。

仁心济世

——一代名医黄润苍家族的家国情怀及红色小故事

孙照宇

已故著名爱国爱乡人士黄保欣先生生前系香港联侨企业有限公司董事长，曾任全国人大常委会香港特别行政区基本法委员会副主任、"一国两制"经济研究中心副主席、香港中华厂商联合会副会长、香港机场管理局主席、广东大亚湾核电站核安全咨询委员会主席、亚洲电视台董事局主席、厦门大学管理学院名誉院长等社会职务。年近百岁的保欣先生一生功业可圈可点，尤其是在20世纪六七十年代香港经济腾飞、改革开放、核电事业早期发展、香港回归、香港新机场建设等事关香港长期繁荣稳定的大事中贡献良多，赢得中英两国高层及社会各界的交口赞誉。

由于勤劳守业、经营有方，其祖父黄世赏老先生成了方圆几十公里内有名的小康人家，以当时的条件，他们的家境无疑是属于凤毛麟角的。

黄世赏老先生、李梅老太太膝下有六个儿女，而黄润苍是他们养育的唯一男丁。在传统中国人的家庭里，寄托着传宗接代乃至光耀门楣希望的男孩，在他的成长岁月期间，当然会有着得天独厚的关注和资源投入。黄润苍出生于1899年，弱冠之年进入当时泉州地区屈指可数的名校培元中学学习。

培元中学是在海内外享有很高知名度的名校，于1904年由英国基督教长老会募捐，聘请英国人、剑桥大学毕业生安礼逊（A. S. Moore. Anderson）来泉州创办的，至今独享两位伟人的题词：一是中国民主革命先驱孙中山在1920年11月为培元中学题词"共进大同"，意为赞扬并鼓励办好培元中学，使师生共

221

为世界大同而奋进；二是中华人民共和国名誉主席宋庆龄1980年5月为培元题词"为国树人"。说起来，培元中学和这两位伟人还颇有渊源呢。清光绪年间，孙中山先生在英国伦敦活动、宣传革命，被清政府派人秘密逮捕，监禁在清政府驻伦敦公使馆，准备押送回中国处治。当时安礼逊的父亲任伦敦警察总监，因同情中国革命，得知此事后，便会同英国外交部出面干涉，迫使清公使馆将孙中山先生释放，安礼逊与孙中山两人由此结缘。1920年1月，孙中山先生带头向培元中学捐大洋20元，并亲题"协兴教育"于捐册扉页，后来又分别和夫人为学校题了"共进大同"和"为国树人"。

以优异成绩从培元中学毕业后，基督教徒的背景给他的事业发展提供了便利。黄润苍老先生得以师从英国皇家医学会陈和礼医师，系统地学习当时国内还很稀罕的西医知识。由于品学兼优，学成以后顺理成章加入陈和礼医师亲手创办的仁世医院。

仁世医院当时是一所教会医院，也就是新中国成立后惠安县医院的前身。据保欣先生兄弟回忆，他们的父亲在家里专设有一间很大的书房，几个大书柜满满地珍藏着许多医学书和医科杂志。由于系统正规的教育基础、教会医院雄厚的设施和规范的临床实践，加上几十年如一日锲而不舍的持续钻研，黄润苍老先生成为惠安当地享有极高声誉的一代名医。包括后来老先生的二公子明欣先生、四公子瑞欣先生考取了医学院校并成为业界翘楚，都和老先生的熏陶有直接的关系。保欣先生众兄弟一辈子都以他们的父亲为骄傲，直至古稀之年，保欣先生还曾在笔者面前流露出少年时未能继承父亲衣钵的遗憾。半个世纪之后，当保欣先生的外甥女周安儿考上宾夕法尼亚大学医学院之时，他不无兴奋地在1998年5月29日写给瑞欣四弟的家信中写道："……父亲是知名的好医生。到现在为止，我仍会因不步他的脚步行医感到歉疚。幸好二弟夫妇与四弟你们夫妇都从事医生的事业。""告诉你们一个好消息，大女令嘉的女儿安儿今年在哥伦比亚大学毕业，取得生物化学学士学位，得到宾夕法尼亚大学医学院给她十一万六千美元的奖学金作为四年的学费进入该大学念医科，她同时亦得到一些荣誉和会籍。我们亲爱的父亲的医疗事业，一定会后继有人，向前发展……"周安儿医学博士学成执业行医后，遵照外祖父的期嘱，不忘时时以自身所学回报中国内地的医疗事业发展。周安儿曾于2015年4月受邀到福建医科大学附属第二医院做"疟疾耐药性"的专题学术讲座。她当时就职于马里兰大学医学院儿科医学系副教授、马里兰大学儿童医院儿科传染病主治医师，其研究领域是对于自然传染和接种疟疾疫苗之后人体体液对其产生的免疫反应。同时她也是马里兰大学医学院儿科疫苗接种试验基地首席研究员。保欣先生对外甥女此行显然非常重视，特地致信请同为医学专家的四弟瑞欣先生前往泉州接应。

如果说精湛的医术是一位医生安身立命的资本，那么，高尚的医德就是医生悬壶济世的职业操守。黄润苍医生就有这样一颗众口皆碑的医德仁心。无论是中国古代的"夫医者，非仁爱之士不可托也，非聪明达理不可任也，非廉洁淳良不可信也。是以古之用医必选明良。其德能仁恕博爱，其智能宣畅曲解，能知天地神祇之次，能明性命凶吉之数。处虚实之分，定顺逆之节，原疾病之轻重，而量药剂之多少，贯微通幽，不失细少。如此乃为良医"这句哲言还是西方《希波克拉底誓言》里的那句话"无论至何处，遇男或女，贵人及奴婢，我之唯一目的，乃为病患谋幸福"，润苍先生都终生奉为圭臬。时常在三更半夜或风雨交加的恶劣天气，危重患者不便到医院就诊，润苍老先生总是不分昼夜、不计辛劳，立即策马或乘轿亲往病患家中诊治，其匆匆的行迹遍及惠安的深巷及山村。时至老先生辞世约半个世纪的今天，惠安本地还流传着"黄润苍跌进乌缸（当地人对粪坑的俚称）——没有裤子换"这样一句歇后语。说的是有一次他深夜出急诊时，摸黑不慎，一脚踩进粪坑里。因其身材高大魁梧，一时竟找不到合身的裤子替换。但他一点也不当一回事，直到从容地为病人诊治完毕才想起该换换裤子了。

润苍老先生以救死扶伤为己任，身兼内外儿科，勤业笃业。他单日门诊，接待远近病友，并兼出诊；双日查房手术，抢救危重伤员。

抗日战争全面爆发后，陈和礼医师返回英国，润苍老先生毅然接掌院务。他想方设法筹资增添设备，健全科室，加强医生培训，开拓四肢、下腹手术等新科目。为适应抗日需要，他亲赴南京参加中央卫生部公共卫生训练班，毕业后配合政府组建抗战防疫队伍，积极开展公共防疫卫生，为后方人民的健康默默耕耘着。新中国成立后，黄润苍老先生众望所归地被推举担任惠安县医务工作者协会主席，并光荣地当选为第一届县人民代表大会代表。

熟悉黄家的读者也许会知道，在深厚传统文化和基督教信仰双重背景下成长起来的黄家昆仲，除了后来成为爱国、爱港、爱乡的保欣先生，老二明欣、老三哲欣先生竟然都是新中国成立前在学生时代就参加革命工作，成为地下工作者。

面对这样的问题，保欣先生不无深情地回忆说："我们家很特别，信仰基督教，却出了不少共产党员。二弟在南京中央大学医学院毕业，因为1948年就参加了地下党，几年间都没有和家人联系，直到新中国成立后有一天我妈妈正在灶间做饭，突然走进来一个穿军装的年轻人，仔细端详，才发现原来是日夜牵肠挂肚的老二。哈哈！后来他到解放军后勤部军事医学科学院做研究员，参加过抗美援朝。老三也是在高中时参加地下党。我念初中时，国民党县党部一直邀请父亲参加，但他就是不去。我有一次看到他书房抽屉里面有一个中华苏维埃的铜币，当时心里有点诧异，但不敢问。他还读了很多进步的书，像邹韬奋主编的《生活》杂志。后来《生活》被禁，家父便订阅《大众生活》杂志，我也从小看。我读初中二年级时便会唱《义勇军进行曲》。1937年'七七事变'后，我也参加过反日游行，高呼'打倒日本帝国主义'等口号。"笔者的祖父孙仲诚先生生前也曾经和我谈过这件事，因为同乡和培元中学校友的双重关系的缘故，他曾秉承县党部的意图前去"统战"润苍先生，幸亏无功而返，否则在新中国成立后的那么一段特殊历史时期，虽然当年仅是一种职务行为，但祖父头上可能会被多加上一个罪名。

如果不是保欣先生的耀眼光芒所掩，润苍老先生膝下的众多子女，每一位独自放在同时代、同职界的人群中，个个都是熠熠生辉的。以下略点二位加以介绍。

老二明欣先生以正师级研究员离休，其科研成果曾获国家科技进步奖特等奖、军队科技进步奖二等奖及三等奖各一项、国家发明奖三等奖等荣誉，出版有专著五部、译著一部，发表科研论文100多篇，有专著选为高等院校教材。

老三哲欣先生在鼓浪屿上中学时化名陈中群，参加地下党。新中国成立后毕业于中国人民大学新闻系，历任福建日报副总编、福建省政府外事办处长、香港华闽集团常务副总（厅级），连续当选为福建省政协第五、六、七、八届委员及第六、七届常委，为我省的新闻事业、统战工作、对外开放及经济发展做出了卓有成效的贡献。1998年，他以自身积蓄捐资十万元在张坂中学设立惠安县中学多媒体实验室。

黄保欣传奇

杨庆桢

黄保欣简介

黄保欣先生是爱国爱乡著名人士。抗日战争时期，黄保欣和妻子吴丽英，这对厦大的才子佳人比翼双飞到燕江畔永安城。黄保欣在福建省研究院工业研究所当研究生，吴丽英在永安师范学校任教师。

抗战胜利，华夏重光，黄保欣夫妇到香港创业，黄保欣成为香港"塑胶原料大王"。黄保欣热心社会事务，当选香港立法局议员，参加起草香港特区基本法，任香港新机场及有关工程咨询委员会主席和新机场管理局首任主席，任大亚湾核电站核安全咨询委员会主席，功勋卓著，被授OBE勋章和"太平绅士"称号。香港回归后，当选为港区全国人大代表，任"一国两制"经济研究中心副主席，被香港特区政府授予大紫荆勋章。

七月流火，我到永安看望《三明日报》复刊后的第一任总编辑虞韶年先生。清风拂杨柳，华发见白头，共道桑榆晚，夕阳情更浓。

临别依依。虞老拿出一袋材料给我，告诉我这是他26年前在永安任政协副主席时陪同当时三明市政协主席郑成辽在永安接待香港著名人士黄保欣先生的琐记和之后20多年间，黄保欣先生寄来的信件、照片和资料。虞老说："《三明侨报》前些年出版一本书《天涯海角三明人》，这些年你也写了不少天涯海角三明人的故事。现在我把这些材料提供给你，你可用这些资料写一篇好文章，黄保欣先生和夫人吴丽英女士抗日战争时在永安青春浪漫的回忆和黄保欣先生从永安到香港、从企业家到政治家、从香港太平绅士到香港大紫荆勋章获得者的传奇经历，很真实、很生动、很感人，是天涯海角三明人的精彩和荣耀。请整理出来，表达我对黄保欣先生的思念、崇敬和祝福。"

爱国爱港 功勋卓著

黄保欣先生是爱国爱港的模范，真情感人。早在1949年10月1日，中华人民共和国成立时，全香港只有两个地方升五星红旗，其中一面就是黄保欣先生在公司升的。

抗战胜利后，他到香港发展，充分发挥自己毕业于厦门大学化学系的专业优势，从事塑料等化工行业。他用自己的知识和经验，改变了香港塑料工业的面貌。当时香港的塑料工业刚起步，很多人缺乏专业知识，买原料做塑料花，看原料行不行，就用牙咬一咬，软的做花叶，硬的就做枝干。黄保欣告诉大家怎样看熔解系数、怎样根据熔解系数决定用途等科学知识。向厂商提供技术性数据和市场情报，率先引进先进的技术，其塑料注塑机占到全港同型入口机器60％到70％。1974年，香港塑胶业界专门成立了香港塑胶原料商会，黄保欣被大家推举为商会主席。塑胶产品成为香港的三大支柱产业之一，黄保欣也赢得了"塑胶原料大王"的称号。

在香港企业界站住脚，取得尊敬的同时，黄保欣也强烈地感受到在香港这样的社会，要为港人做些事情，只有经济地位不够，还应有政治地位。他在生意做得最红火时，突然决定把企业交给妻子吴丽英经营，自己投身到为香港的前途和港人的利益的社会事务中去。经过多年的努力，他在香港政界崭露头角，影响日益增强。他成了香港立法局议员，参加制定法律，协助港督执法，控制公共开支，监督政府行政等。由于他思路开阔，思想开明，声望渐高，1985年成为香港基本法起草委员会委员。1990年4月4日，第七届全国人大三次会议通过了基本法。基本法是根据宪法制定的基本法律，邓小平同志称基本法是一部具有历史意义和国际意义的法律，是一个具有创造性的杰作。黄保欣就是这部杰作的起草者之一，可谓劳苦功高。1977年获得英国女王颁授OBE勋章，3年后荣获"太平绅士"称号。

1982年，中英政府将香港回归问题提到正式议程上来，立法局就香港问题展开辩论。黄保欣坚决主张香港本是中国的领土，必须回归。1984年，撒切尔夫人向香港立法局介绍中英谈判情况，在晚宴时黄保欣对撒切尔夫人说："你与北京的谈判，要以大家都是友好的国家朋友来协商解决历史上的问题，假如用很强硬的态度，你做不了的，你只能用比较妥协的态度去做。"

　　后来英国提出"主权换治权"，也就是说香港回归后，对香港的管治权再由英国保留30年，黄保欣坚决反对。他说："当年中国人民为了夺回家园，与日本侵略者进行八年浴血奋战。今天，当英国人侵占香港的期限结束的时候，没理由再让中国人继续蒙受历史遗留下的耻辱。"

　　1985年，香港特区基本法起草委员会成立，黄保欣任委员，参加政制和经济两个小组的工作，并担任了经济专题小组的港方召集人。

　　1985年，国家决定建设大亚湾核电站，但香港有人反对，因为大亚湾离香港只有50公里。反对理由是：第一，核电是不安全的；第二，中国人管核电更不安全。而后发生的苏联切尔诺贝利核电厂事故，更加剧了这种忧虑与恐惧。黄保欣开始为核电站的建设奔忙，他是立法局议员，有机会发言，刚好黄保欣的四女儿在美国，是物理学博士，是建设核电厂的工程师，她提供很多核电数据给他老爸。黄保欣的辩论发言有科学道理，有说服力，他理直气壮地说："第一，核电是安全的。第二，中国人绝对有能力做好。"1988年夏天，由香港人和内地人共同组成的大亚湾核电站核安全咨询委员会成立，黄保欣出任主席，大亚湾核电站终于胜利建成，黄保欣功不可没。

　　与建大亚湾核电站相似，关于香港新机场的建设也有争议。内地一些人认为港督卫奕信决定以耗资超过1700亿港元的巨大财力兴建香港新机场，是英国人要掏空我们的钱。黄保欣和一些有远见的爱国人士的看法是新机场应该建，黄保欣到北京与国家有关部门沟通，建议让英国人来参与建设，因为建好以后，对香港有利，而且英国人是无法带走的。1991年，中央就机场建设达成协议后，联合成立了新机场及有关工程咨询委员会，黄保欣获任委员会主席，负责监督工程计划实施。1995年，黄保欣又被委任为机场管理局首任主席。

新机场首期工程原计划先建一条跑道，黄保欣上任几星期后，果断做出决定："提早兴建第二条跑道。"这一决定使新机场运作首年的跑道容量，每小时增加至50架次航班，确保10年内机场的客流畅通无阻。黄保欣先生功勋卓著，功德无量。

1990年，全国人大通过基本法以后，身为基本法起草委员的黄保欣转而参与"一国两制"经济研究中心工作，并兼任中心副主席职务。

彭定康上任后的第一份施政报告中关于政治发展部分，违背了基本法及中英双方的协议。黄保欣在电视机前看完全部报告后，当晚就写了一篇商榷文章，提出异议。第二天，文章就在三份报纸上发表。预备转为筹备后，黄保欣被委任为港事顾问和香港特别行政区筹备工作委员会委员，并继续参加政制、经济两个小组的工作，直到1997年7月1日香港回归。

1997年6月30日晚，黄保欣在滂沱大雨中参加了英国方面的告别仪式、告别宴会，中英交接仪式，行政长官宣誓，立法会宣誓成立等。7月1日早上7点坐飞机到北京，在中午接受全国人大常委会委任的香港特别行政区基本法委员会副主任职务，随即就开会建议全国人大常委会表决通过，将基本法附件三列入在香港特别行政区实施的全国性法律，由此成了香港特别行政区的法律依据。

1998年，黄保欣当选为全国人民代表大会常务委员会第九届港区人大代表。2002年，在基本法委员会副主任5年任期满后，他又再次获得委任，并担任这一职务到2006年。

黄保欣先生爱国爱港，功勋卓著，被香港特区政府授予大紫荆勋章，光耀当代，名留青史。

不忘故里　重情重义

黄保欣先生1923年出生于福建省惠安县下埔村。黄保欣聪明颖慧，学习努力，中学12个学期有10个学期获班级第一名。后来以优异成绩考入厦门大学。厦大毕业时正处抗日战争时期，黄保欣被分配到设在永安的福建省研究院工业研究所当研究生。同是厦大毕业的妻子吴丽英女士到永安师范学校当教师，三明市原政协主席郑成辽当年就是吴丽英的学生。

黄保欣先生故土情深，1989年在郑成辽主席陪同下到永安参观访问，旧地重游，故人相遇，真情涌动，感慨万千。在当晚的欢迎宴会上，永安市政协副主席虞韶年先生说，当年永安师范建在大湖，尊夫人到城里看你很不容易啊！黄保欣先生说，大湖到城里有十几里山路，而且崎岖难行，所以多是我到大湖看她。虞韶年回忆说，当年从城关去大湖要经过一座下渡浮桥，先生还有印象吗？黄保欣先生说：记得。说着情不自禁地吟唱起当年永安流行的一首歌《永安秋夜》："燕溪水缓缓流，永安城外十分秋。月如钩，勾起心头多少愁。潮起又潮落，下渡照孤舟……"

酒桌上大家听了都说好。黄保欣先生说，这首歌是当时省音专校长卢前先生创作的，我认为歌词很美，但当时也有人提出异议，说永安不靠海，怎能潮起又潮落。于是酒桌上大家谈起音乐，谈起诗词，谈起永安的抗战文化，同明相照，同声相应，同气相求。其情切切，其乐融融。

宴会上，虞韶年先生说："这次相聚很愉快，遗憾的是保欣夫人这次没来，不然一定会勾起更多美好的回忆。"

黄保欣先生说："丽英这次是准备到永安来看看的，已经一起从香港到了厦门，在厦门突然心脏不适，没法到永安，真遗憾。"

晚宴结束时，黄保欣先生向虞韶年要了一些抗战时永安的文史资料，晚上翻阅。第二天一早，黄保欣先生就兴致勃勃地找虞韶年谈起史料中记载的永安师范白金杯失而复得事件以及省工研所参与白金杯检测的经过等。对故土、故人、故事的关注和热情令人感动。

早饭后，虞韶年先生陪同黄保欣先生去寻找抗战时期省研究院工业研究所旧址，这里现在是林业汽车保修厂。昔日的小山冈、崎岖的山路已不见，一排排整洁的楼房、宽敞的道路展现在眼前，记忆中两层小木屋已不存在。在回程的车上，黄先生若有所思，他的心情散落在这块熟悉而又陌生的土地上。

黄保欣先生告别永安回三明之际，突然拿出1000元，诚恳地对虞韶年先生说，在名片上看到你还是永安科技协会主席，这一点钱给协会买几本书用吧。当年1000元是个不小的数目，可购买好几套科技丛书。虞老知道这是黄保欣先生的故土之情，故人之心，欣然收下。后来以永安市科协的名义给黄保欣先生发了一份聘书，聘请他担任顾问，他欣然接受了。

黄保欣返港不久，就给虞韶年先生来信，对在永安期间受到热情接待表示感谢。并告诉说，上次提供的当年省研究院工业研究所人员名单中漏了一个副研究员曹大为。

黄保欣先生真是个有情有义，认真负责，重情重义的人，与虞韶年两人气味相投，性格相近，从此成了知心朋友，莫逆之交。20多年来书信往来不断，年节互致问候，平时互通信息。在书信往来中，大到去北京出席全国人大常委会会议，到四川宜宾考察核燃料棒等家国大事，小到最近打高尔夫球一次打半场还是一场、血压升到多少等生活琐事都相知相告。书信称呼，从先生变成兄弟，还扩大到兄嫂、弟妹，从互相介绍生平经历到交流夫妻情史、老伴病情、儿女婚姻、孙辈学习，无所不谈。

2004年6月17日，黄保欣给虞韶年的回信很深情、很精彩："前些时候收到你的信，因为前信提到写信时手痛，你叫我不必写信。当然我不会听你的话，信中你介绍了你一段历史，可是漏写与其夫人的情史，是吗？尊夫人的名字（菊婷）好极了，非常雅致。我记得我太太常常抱怨，她父母替她起了一个很俗的名字——丽英。她替我们的大外孙女起了一个不俗的名字安儿，安儿7月3日在美国结婚，我会在7月1日飞去美国，参加她的婚礼。"情真意切，不是亲人胜似亲人，不是兄弟赛过兄弟。

1996年起，黄保欣夫人就一直住院治疗，病中常回忆在永安的那段青春岁月和花样年华。为解夫人相思和乡愁，2004年，黄保欣先生不顾八十高龄，不远千里，约香港两位朋友乘自家车回永安。司机原计划傍晚到永安，因路难走，结果下午六点半才到龙岩，半夜才到永安，不忍扰人春梦，黄老自己找饭店住下，第二天一早就登上楼顶拍下燕江两岸风光，接着就真奔大湖这片倾注两人的青春和热情、幸福和浪漫的土地。拍下了这里的青山和绿水，拍下了这里的田野和乡村，拍下了这里的热情和美好，拍下这里的回忆和思恋，带回香港，带给丽英，带给儿孙们。同时他也把浸满相思相恋乡愁的这些照片寄给了好朋友虞韶年先生珍藏纪念。

虞韶年先生对我说，黄保欣先生爱永安的山山水水，一草一木，视永安为家乡。有一次他陪黄老吃早饭，吃剩下的饭菜黄老都打包带走。这让他不解，看到黄保欣来信，才解开了这个谜。黄保欣说："那天临别吃早餐，我只觉得朋友情很深，很快乐，连吃不完的东西也包了走，因为我觉得那里与我的家一样。"原来黄保欣是把永安当作自己家一样，还讲什么客气。

爱国爱乡、重情重义是黄保欣先生最受人敬重的品德。

1993年，香港城市理工学院授予黄保欣先生名誉工商管理学博士学位，称赞黄保欣是坚持原则、勇敢直言、热爱祖国的人。

1994年，香港浸会大学在第三十五届毕业典礼上颁授黄保欣先生荣誉社会科学博士学位。赞扬他对香港高等教育的贡献，为香港社会将来的繁荣做出的努力。

1981年，厦门大学建校60周年时，吴丽英女士被选为旅港厦门大学校友会理事长。黄保欣创作厦门大学60周年纪念歌，校庆会上大家齐声合唱"鹭江之滨，演武亭上，南国弦歌始唱。倾家兴学，公而忘私，嘉庚作风永垂。汀水河畔，北极阁下，烽火书声不绝。筚路蓝缕，鞠躬尽瘁，本栋智者大勇。囊萤映雪，求是笃行，厦大育我恩深。六十沧桑，光被四表，矢志止于至善"。这是厦大颂歌，是60周年校庆纪念歌，也是黄保欣的励志歌。

黄保欣爱国爱港，国家没有忘记，香港没有忘记，人民群众没有忘记。香港特区政府成立后，授予他大紫荆勋章。在香港特区政府基本法颁布25周年之际，中央政府驻港联络办主任张晓明在中联办办公楼宴请原香港基本法起草委员会港方委员李嘉诚、黄保欣等6人。张晓明在致辞中代表全国人大常委会委员长张德江和国务院港澳办主任王光亚，向参与基本法起草并对香港回归祖国做出历史性贡献的港方草委表示由衷敬意和感谢。

　　黄保欣不忘故里，重情重义，爱永安，爱三明，爱这块挥洒过青春和热情的土地，认三明永安为家，认三明永安朋友为兄弟。黄保欣是千千万万天涯海角三明人的传奇和精彩。

2017年8月

附 录

　　一代爱国贤哲黄保欣先生，用其传奇而瑰伟的九十六个人生春秋，践行着"正直、诚信、立志、进取、有节"的十字格言。晷刻不停地勤学苦读，积淀了他渊博深厚的学识修养。承自父母的磊落家风，又传至妻子儿女，氤氲着满堂的芝兰桂馥；勇攀科技高地、大度互利共赢的诚信经营，成就他"塑胶原料大王"的领域魁首。致力香港回归，建设机场，发展核电，回乡办厂兴学……鞠躬尽瘁，死而后已。他的一腔爱国爱乡的奔腾热血，犹如黄河、长江澎湃不息，回响在他永生挚爱的九州大地，流芳至亿兆斯年。他那质朴诚恳的赤子情怀，虽不显山露水，却胜似五岳丰碑，仰之弥高，矗立在国人同胞的心胸丘壑之中，绵延至四极远方。他永远是那个纯真的惠安乡土少年，百载人生坦荡走过，归来依旧初心如昨。眷念着脚下的这片土地，深爱着眼前的父老百姓，不愧于"国家兴亡，匹夫有责"的青春理想！我们永远怀念他，踵着他的遗迹，蒸蔚着他的光芒，传承着他那颗永恒跳动的家国初心，就是对他最好、最长久的感恩……

234

唁 电

中 央 统 战 部

唁　电

黄保欣先生各位亲属：

　　惊闻黄保欣先生溘然长逝，谨致沉痛哀悼！

　　黄保欣先生是香港知名实业家，是杰出的爱国爱港人士。先生衷心支持香港回归祖国，坚定拥护"一国两制"方针和基本法，积极参与社会政治事务，特别是在香港基本法起草、香港新机场及大亚湾核电站建设过程中倾注大量心血，为香港平稳过渡、顺利回归和繁荣稳定做出重要贡献。先生秉承报国之志，始终践行"要对得起自己是一个中国人"的理念，在担任第九、十届港区全国人大代表和全国人大常委会香港基本法委员会副主任期间，认真履行职责，积极建言献策，为国家改革开放和现代化建设事业做了大量卓有成效的工作。斯人已去，风范长存。

　　专此致唁，望节哀珍重。

中央统战部

2019年8月1日

国务院港澳事务办公室

唁 电

黄保欣先生家属：

闻悉黄保欣先生逝世，深表哀悼。

黄保欣先生是香港知名实业家、杰出的爱国爱港人士。他衷心支持香港回归祖国，坚定拥护"一国两制"方针。曾担任香港特别行政区基本法起草委员会委员、香港特别行政区筹备委员会委员、全国人大常委会香港基本法委员会副主任、第九届和第十届全国人大代表等重要社会公职，在香港基本法起草、香港新机场及大亚湾核电站建设过程中倾注了大量心力，为香港顺利回归祖国和保持繁荣稳定、为国家的改革开放和现代化建设做出了重要贡献，以毕生所为践行了"要对得起自己是一个中国人"的理念，其报国之志和家国情怀足堪垂范。

望节哀珍重。

国务院港澳事务办公室
2019年7月23日

行政长官哀悼黄保欣逝世

＊＊＊＊＊＊＊＊＊＊＊

　　行政长官林郑月娥今日（七月二十三日）对黄保欣逝世表示深切哀悼。

　　林郑月娥说：“黄保欣是成功企业家，早年致力推动香港塑料业发展，对香港的经济发展贡献良多。他爱国爱港，长期以来积极投入公共和社会事务，回归前曾任立法局议员、香港基本法起草委员会委员，回归后则担任全国人民代表大会常务委员会香港特别行政区基本法委员会副主任、港区全国人大代表等要职，在香港以至国家的发展中担当重要角色。他的领导才能出众，是香港机场管理局首任主席，为香港国际机场发展成为今天的全球航空枢纽奠下良好的基础。他在一九九八年获颁授大紫荆勋章。”

　　林郑月娥说：“我对黄保欣的辞世深感哀痛，谨代表香港特别行政区政府，向他的家人致以深切慰问。”

2019年7月23日（星期二）

香港时间9时37分

中央人民政府驻香港特别行政区联络办公室

LIAISON OFFICE OF THE CENTRAL PEOPLE'S GOVERNMENT
IN THE HONG KONG SPECIAL ADMINISTRATIVE REGION

唁　电

黄保欣先生亲属：

　　惊悉保欣先生逝世，谨表深切哀悼，望节哀珍重！

　　保欣先生是坚定的爱国爱港人士和香港工商界的杰出代表。他博学多才，学贯中西，为国家改革开放和现代化建设，为家乡的经济发展和社会建设，为香港经济繁荣和社会发展建树良多，贡献卓著。他一生爱国爱港，积极参与社会事务，担当中英及内地与香港的重要桥梁，促进中英双方建设香港赤鱲角新机场达成共识，参与香港基本法起草工作，为经济篇章的制定贡献了杰出智慧。他旗帜鲜明拥护"一国两制"方针和基本法，为香港平稳过渡、顺利回归和繁荣稳定做出了卓越贡献。他担任第九、十届全国人大代表和全国人大常委会香港基本法委员会副主任期间，积极建言献策，履职尽责，为推动国家民主法治建设做出了重要贡献。

　　保欣先生德高望重，对后辈爱护有加，大家都尊称他为"保欣叔"，是我们做人做事的好榜样。我与保欣叔相识二十多年，结下了深厚的友谊，为失去这样一位德高望重的长者深感悲痛。

　　保欣叔风范长存，我们永远怀念保欣叔！

中央政府驻港联络办主任　王志民

2019年7月23日

全国人大常委会香港特别行政区基本法委员会

唁　电

　　惊闻黄保欣先生不幸逝世，全国人大常委会香港基本法委员会全体同仁不胜悲痛。

　　黄保欣先生一生秉持爱国爱港立场，积极参与社会政治事务，献毕生精力于香港顺利回归和繁荣稳定。香港回归后，黄保欣先生长期担任全国人大常委会香港基本法委员会副主任，尽职尽责，积极参与和推动香港基本法研究、宣传及推广，为"一国两制"方针和香港基本法全面准确贯彻实施发挥了重要作用。黄保欣先生心系家国，服务社会，睿智大度，高风亮节，其精神和风范永存！

　　谨电致唁，对黄保欣先生逝世表示沉痛哀悼，向其亲属表示深切慰问。

全国人大常委会
香港基本法委员会
2019年7月23日

全国人大常委会原副委员长王汉斌哀悼黄保欣逝世

＊＊＊＊＊＊＊＊＊＊＊＊＊＊＊＊＊＊＊＊＊

　　惊悉黄保欣先生逝世，深表哀悼。黄保欣先生是香港基本法起草委员会委员，全国人大常委会香港基本法委员会副主任委员，为香港回归和香港的繁荣稳定做出了杰出的贡献。

　　对黄保欣先生不幸辞世表示沉痛的哀悼，并对家属表示深切的慰问。

王汉斌

2019年7月25日

大紫荆勋贤黄保欣先生治丧委员会

黄保欣先生大紫荆勋贤治丧委员会

荣誉主任

董建华 梁振英

主 任

林郑月娥 王志民 曾荫权 沈春耀

副主任

张建宗 陈茂波 谭铁牛 张勇 王永乐

方润华	包陪庆	史美伦	任志刚	朱崇实	何世柱	何柱国	余国春
吴光正	吴宏斌	吴良好	吴康民	吴换炎	李祖泽	李群华	李贤义
李泽钜	李鹏飞	周安达源	林贝聿嘉	林建岳	林淑仪	林铭森	林广兆
林树哲	施子清	洪祖杭	胡定旭	胡应湘	范徐丽泰	唐英年	袁 武
马逢国	张 荣	张学明	梁君彦	梁智鸿	梁爱诗	梁锦松	庄绍绥
许荣茂	陈永棋	陈守仁	陈金烈	陈启宗	陈清霞	陈智思	曾钰成
冯国经	黄志祥	杨孙西	叶国谦	叶刘淑仪	刘长乐	刘华森	刘业强
刘汉铨	潘宗光	蔡冠深	郑慕智	郑耀棠	卢文端	卢温胜	霍震霆
戴德丰	罗仲荣	罗范椒芬	罗康瑞	谭惠珠	谭锦球	谭耀宗	苏泽光

委　员

杨伟雄　刘江华　刘怡翔　罗致光　邱腾华　聂德权　朱　文　刘春华
沈　冲　丁良辉　丁炳华　丁毓珠　尹德胜　方文雄　方　平　方　正
方　刚　方黄吉雯　王少华　王主帅　王如登　王亚南　王明洋　王英伟
王庭聪　王振声　王桂埙　王国强　王葛鸣　王惠贞　王万材　史立德
田北辰　石礼谦　伍步谦　朱叶玉如　朱鼎健　朱铭泉　何顺文　何钟泰
吴天赐　吴永嘉　吴亮星　吴秋北　吴国安　吴清焕　吴清辉　吴锦津
吕明华　吕耀东　李大壮　李少光　李引泉　李民斌　李君豪　李秀恒
李宗德　李家祥　李焯芬　李华明　李慧琼　李应生　李镜波　周一岳
周永健　周伯展　周松岗　周娟娟　周振基　周润赏　林大辉　林天福
林中麟　林　劲　林格力　林伟强　林健锋　林顺潮　林龙安　邱昭阳
邱浩波　姚加环　姚志胜　姚祖辉　施家殷　施展望　施纯民　施清流
施荣怀　施维雄　查毅超　柯文华　柯君恒　柯达权　洪克协　洪为民
纪文凤　胡汉清　胡晓明　范鸿龄　范耀钧　唐家成　孙少杰　孙立川
孙明扬　孙启烈　孙礼贤　容永祺　徐世英　徐世和　徐是雄　徐晋晖
徐尉玲　马介钦　马时亨　马豪辉　高永文　高静芝　高宝龄　区永熙
巢国明　张仁良　张明敏　张俊勇　张信刚　张炳良　张惠彬　张华峰
张学修　张铁夫　曹宏威　梁乃鹏　梁志祥　梁美芬　梁高美懿　梁智仁
梁钦荣　梁广灏　庄子雄　庄秀霞　庄伟茵　许奇锋　郭　位　郭振华
陈小玲　陈弘毅　陈成秀　陈亨利　陈坤耀　陈　东　陈阿枫　陈青东
陈　劲　陈　勇　陈南禄　陈家强　陈振彬　陈祖泽　陈国民　陈婉娴
陈曼琪　陈淑玲　陈进强　陈荣旋　陈德霖　陈晓峰　陈聪聪　陈镇仁
陈鉴林　曾文仲　曾金城　曾智明　曾德成　汤显明　费　斐　黄天佑
黄少玉　黄玉山　黄定光　黄宜弘　黄若虹　黄英豪　黄家和　黄国健
黄景强　黄楚恒　黄楚标　黄嘉纯　黄　震　黄锦辉　黄鸿超　杨立门
杨汝万　杨伯淦　杨　钊　杨敏德　杨毅融　杨耀忠　温嘉旋　叶志光
叶芝俊　董吴玲玲　雷添良　廖长江　刘兆佳　刘佩琼　刘柔芬　刘炳章

刘健仪　刘与量　刘遵义　蔡志明　蔡建四　蔡衍涛　蔡素玉　蔡德河
蔡　毅　蔡莹璧　蒋丽芸　邓清河　郑文聪　郑国汉　郑维志　郑维健
黎栋国　卢金荣　卢重兴　卢伟国　卢瑞安　卢锦钦　赖显荣　钱大康
钱果丰　霍震寰　骆百强　骆志平　骆志鸿　骆俊宪　戴希立　薛凤旋
谢志伟　谢凌洁贞　谢伟铨　钟志平　简福饴　蓝鸿震　邝美云　颜金炜
颜纯炯　颜宝铃　魏明德　罗正杰　罗志聪　罗叔清　罗竞成　谭志源
谭赣兰　严志明　苏千墅

跋

孙立川

　　己亥年夏，热浪阵阵袭来，雷暴时时有之。7月22日凌晨，收到厦大香港校友会会长方平兄的信息："黄保欣老学长已驾鹤西归。"震惊之余，辗转难眠，不禁想起了保欣先生与我交往的种种往事。

　　1993年，我由日本来到香港中文大学中国文化研究所工作。未几，因博士论文答辩而短暂回京都大学一趟，此后辗转于院校、杂志社做编辑工作。1996年正式转入天地图书公司做副总编，因自认是一个只识与书打交道的编书匠，对香港的政治、社会活动孤陋寡闻。但对保欣先生的大名是早已如雷贯耳，在港的公开活动上与他见过几次面，而真正的交往大约是吴康民先生的一本新书由天地出版发行，保欣先生被邀为主礼嘉宾。他早早就到了会场，我是该书的责编，所以就与他握手问候。他一听说我是厦大毕业的，加上又是同乡（他的家乡与我的祖家很近），后来又听说我在日本留学，十分高兴，因为他以前做生意与日本商界多有往来。我想是这三重关系使我们之间的接触多了起来。然而最重要的一个原因却是"书"的关系。他非常喜欢阅读，这使得我这个出版人比一般的厦大学弟更有幸地与他成为"忘年之交"。

　　书籍是我们交往的最重要恩物。他告诉我，虽然他是理工科出身的，后来又弃商从政，其实他最大的理想是去做一名教授或研究员。但因他的结发夫人吴丽英是厦大历史系的毕业生，所以对人文社会科学的书籍，尤其是对文学、历史的书亦情有独钟。他说早年因经商关系，常去日本出差，有空即去光顾旧书店，甚至地摊也留意过。他曾购有日本侵华期间的《将校军官名录》（大概书名）的上卷之书，没有下卷。因书太多，已找不到了，嘱我以后去日本搜书时或图书馆查找一下，如能购回，对于抗战历史研究很有帮助。

保欣学长曾是香港经济起飞前期最早从事塑料生意的，素有"塑胶原料大王"之称。他因从事这一商业而与日本的石化企业联系频密。众所周知，李嘉诚先生也是做塑料生意而开始创业的，他与李嘉诚先生都是同行。他们后来又成为同事，则是在香港特别行政区基本法起草委员会工作时。第一次在内地开草委会会议是在厦门，他陪李嘉诚先生去厦大参观时，特地介绍了陈嘉庚先生筚路蓝缕创办厦大的历程，以及抗战时厦大避迁闽西长汀、全体师生艰苦奋斗的经历。他说这对于李先生后来捐资兴建汕头大学或许是一种榜样力量的感染。

因与日本商界打交道得多，他又独辟蹊径，引进日本的人造革产品，以后越做越大，一度成为全亚洲最大的人造革代理商。记得多年以前，有一天我在编辑部上班，突然接到保欣学长的电话，说他已到我公司楼下，想来看我。我一听赶紧下楼接他，到了我公司刚入会议室，他就拿出一本沉甸甸的书，说是日本石化企业总商会的年鉴，因他也不懂日文，送我作为收藏。我当时深受感动，觉得这么沉甸甸的一本厚书，他老人家已届八十多岁高龄，还特地亲携来交给我，这份心意真是千金难买。今年初，我们一班校友发起并参与捐赠藏书给厦门大学马来西亚分校图书馆时，我决定将此书转赠予分校惠存。为此，我特地在书上写了一段较长的跋语，详细说明黄保欣学长赠送该书的经过。我觉得将之置放于马来西亚分校图书馆，符合黄先生一直以来对母校的感情，能让更广大的厦大学弟、学妹学习知识，这是他老人家念兹在兹，铭刻于心，贯彻一生对母校的深情寄赠。我期待马校图书馆能从这批已送去的书中找到这本书并将之介绍给同学们，让大家感恩老校友、老学长的这份耿耿之心。

关于书的故事，还有一事值得一记。他第二次去天地办公楼找我则是因为读了我送他的一本鲁迅研究札记《西还集》而来的。令我诧异的是他竟然通读了拙作的全书，除了谬奖之外，他很郑重地指出："你在这一页引用鲁迅的话注释弄错了页码，我找《鲁迅全集》来一一校过，这段话不在这一页上。"汗颜之余，我也深深地受到感动。虽是一件小事，却教我永生难忘！这反映出他待人处事真诚而且细致，是一种科学研究的态度。而活到老、学到老则是他秉持一生的追求。

保欣学长给我留下的另一个深刻的印象是爱国爱港的情怀。我虽与他结识甚晚，但他在致仕之后却经常赏饭，大都在会所街的香港会所，他说就喜欢两个人聊聊天。他是做化学生意起家，利用自己的化学专业知识向中小企业厂商提供先进技术及机器，其塑料注塑机一度占到全港同型入口机器的60%至70%的份额。因而他被选为香港塑胶原料商会主席，在港英政府的工业生产有关咨询会议上发言，引起时任港督麦理浩的注意，并邀请他与夫人一起到港督府饮下午茶。席间，麦理浩曾以闽南话与他交谈，他方知道麦氏曾驻节鼓浪屿英国领事馆。1979年，他与胡法光先生获任香港立法局非官守议员，从此投身于香港社会服务工作之中。

从20世纪70年代到1997年香港回归之前，黄学长做了无数为民生、为社会无私奉献的工作。二十几年间，他在立法会上，各种公众场合或发言、演讲，或撰文，或穿针引线。在立法会上的建言，涉及香港产业转型、商贸、城市建设等方面，尤其是倡导中小型企业于20世纪80年代起北上创业，对改革开放产生极大贡献，蔚为可观。这一点鲜为人提及，实在遗憾。现在举其荦荦大端者。

香港会展中心和香港文化中心。当港英政府决定在湾仔海旁兴建展览中心之后，由邓莲如及黄保欣先生参与筹建，他们一行走访了美国、英国、法国等地，对于当初的设想为"展览中心"的功用，黄先生认为功能还可扩大为会议与展览并重。在他的再三力主之下，委员会最后接纳了他的意见，即将之定名为"会议展览中心"，英文为Hong Kong Convention and Exhibition Centre，于1988年正式开幕。我曾经与黄学长开玩笑说："您这一字之改，可收很多版权费啊！改革开放之后，全国各地地级市以上均建有'会展中心'，要是单叫'展览中心'，不是逊色许多？"他听完莞尔一笑，却没有任何自许的表示。会展中心后来在1997年前又加盖了面积更大的新翼，1997年回归大典就在会展新翼的大会堂中举行，香港会展中心遂成全球瞩目的一座香港代表性建筑。而香港文化中心（Hong Kong Cultural Centre）位于九龙尖沙咀，毗邻天星码头，与会展中心隔海相望。保欣学长亦参加了这一中心的规划和筹建工作，并提出要参考国外的音乐厅，与附近的香港太空馆、艺术馆、旧火车站钟楼等相搭配，建海边漫步道，形成一组具有文化内涵的文化艺术建筑群。该中心于1984年兴建，1989年11月8日启用，英国王储查尔斯王子及黛安娜王妃出席了揭幕礼。

促成大亚湾核电站的建立及担任香港赤鱲角机场首任管理局主席。香港回归前，国家为香港回归进行了两大工程配置，一是香港赤鱲角机场，二是广东大亚湾核电站。1985年，国家决定在大亚湾兴建全国第一座核电站。因大亚湾距港只有50公里，所以遭受到香港人一片的反对，认为如果核电不安全，将会令香港受到伤害。这次反对活动有一百万人以上签名。保欣学长临危受命，担任了立法局新成立的"大亚湾核电小组"领导人。一方面他广泛征求各种意见，搜集核电资料；另一方面他建议由香港及内地共组一个"广东大亚湾核电站核安全咨询委员会"。后来他出任主席，每一次开咨询、征询意见会，总有几十位香港各界人士参与，他与委员会的各位同仁精诚合作，总是实事求是地回答，平息了各种争议。

当港督卫奕信宣布以1700亿港元的巨大财力在大屿山兴建香港新机场时，内地曾有不少质疑，认为这是英国人临走要捞一把。保欣学长从战略的角度向国家领导人做出了远瞩性的分析，中央政府经研究后遂决定同意兴建。1991年中英就机场建设达成协议后，联合成立"香港新机场及有关工程咨询委员会"，他获任命为主席，负责监督工程计划实施。1995年，他又被委任为香港机场管理局首任主席。上任几星期后，他在征求各方专家意见之后，审时度势地提出在原期先建一条跑道的计划外，提早兴建第二条跑道，从而保证了二十多年来香港机场的客流量达到7000万人次以上。当机场从旧启德机场搬到新赤鱲角机场时，竟以一日之功搬迁客运机场成功，没有出现混乱，赢得全球同行的赞叹！但货运机场却因计算机协调方面出现了一些混乱，引致一些货主的不满和吵闹。保欣学长后来回忆这一切时对我说过，当时确有些负气，自己几年来全身心投入香港机场的建设及服务，却被这些人辱骂，实在很不开心。

但后来看到香港机场获评为全球最佳机场时，保欣学长早就把这些不愉快抛之九霄云外。新机场一经正式运作，由他领衔制定的各项管理条例、方法等一揽子规定落实得很好。他退休之后，每年春节，机管局的高层总会在登门拜年时感谢黄先生建立的规章制度行之有效，他们对之十分感念。1999年3月，保欣学长在美国拉斯维加斯代表香港机管局接受香港新机场被选为20世纪世界十大工程之一的殊荣时，谦恭地表示：“这是香港人努力的成果，是所有港人的光荣！”

对香港1997年回归，平稳过渡的杰出贡献。20世纪70年代初是保欣学长的生意最高峰时期，但自1972年他被聘为香港贸发局委员之后，他就将生意交给夫人吴丽英女士，自己全力以赴投入为社会、公众服务之中。除上文述及的麦理浩时代的立法局非官守议员、1985年任基本法起草委员会政制小组成员及经济专题小组港方召集人、1995年任香港机场管理局首任主席以外，1997年又被选为港区全国人大代表，回归后出任基本法起草委员会副主任，可谓中英交接时期政坛元老。1990年，全国人大通过基本法以后，他被选为“一国两制”经济研究中心副主席，后又被委任为港事顾问和香港特别行政区筹委会委员，为香港的平稳过渡做出了许多鲜为人知的努力。1997年6月30日，参加完回归大典之后，他翌日早晨七点即飞往北京，中午接受香港特别行政区基本法委员会副主任的职务。随即就开会建议全国人大常委会表决通过基本法附件三，列入在香港特别行政区实施的全国性法律，由此成了香港特别行政区的法律依据。基本法是香港特区政府施政、管理的重要法典，保欣学长对于自己有幸参与这部具有历史性意义的法典的这段经历十分重视，并引以为豪。他多次对我提及此中的一些艰辛和经过，我认为这是他对香港社会及这片土地的无限热爱和重大贡献。

记得曾听闻过，已故的立法局议员廖瑶珠女士曾戏言保欣学长为香港政坛上的“和稀泥”大师，其实她是赞其善于折冲樽俎，调和矛盾。虽然在港英时代就被邀为非官守议员，但是他心中是有明晰的政治底线的，他曾说过：“我告诉英国人，在经济上，我或许可以妥协，做做中间人，但在政治上，在香港主权上，我只有一个立场——我是中国人！”真可谓掷地有声，令人动容！

而这种精神正源于厦门大学在抗战烽火中迁往长汀的危难艰辛之中所孕育出来的爱国精神，与校主陈嘉庚先生的爱国爱校精神一脉相承。行文至此，我觉得还要提及他的老伴吴丽英女士。他们伉俪皆是厦大校友，在长汀相识，在抗战胜利之后才结婚，而且一生一世，鹣鲽情深。在老伴晚年罹患阿尔茨海默病之后，我有两次以上在金钟的太古中心看到保欣学长推着坐在轮椅上的太太在逛商场。在香港的上流社会里，又有谁会像保欣学长这样做呢？那一刻真教人难忘。1995年，保欣学长以二人之名捐赠了500万港元给厦门大学，以"保欣丽英楼"命名，这两位老校友对母校的情怀及感恩，将永远铭刻在一代代厦大学子的心中。

在2004年8月3日的来信中，黄老写道：

"人类的前途是一个很深，很值得讨论、研究的课题，不同的人有不同的想法，思想上的交流是很有价值的。但立川兄，我可以告诉你，中华民族以我们五千年文化的背景，一定会走出一条好的路来！"

保欣学长一生爱国爱港，我们都知道他为香港做过许多的好事和无私的贡献，知道他是成功的企业家、慈善家和"一国两制"的践行者，但却鲜少了解到他对中华文化和中国的未来寄托着无限期待，对中华民族的伟大复兴充满着自豪感及无限的信心！这段夫子自道就是他的肺腑之言，今日重读，倍感亲切与感动！

2016年的一天，我突然收到保欣学长打来的一通电话，他告诉我，近年来老病体弱，不能再出外活动了，也谢绝一切采访及会友。他说："可能都没机会再见面或电话联络了，若有事情，请与我的儿子黄友嘉联系，你要多出一些好书，多写一些文章啊。"听到他的这通告别电话，我不禁潸然。而今他以

96岁高寿辞世,福寿双全。太史公曾在《史记·孔子世家》中曰:"高山仰止,景行行止。虽不能至,然心向往之。"保欣学长,您是我们厦大香港校友的骄傲,我们永远以您为荣!

斯人长逝,悲歌未彻。风雨如晦,鸡鸣不已。谨以此文悼念黄保欣学长。

2019年7月30日夜于香江

(孙立川,留日博士,香港著名作家、出版家,厦门大学香港校友会副理事长,泉州历史文化中心第三届理事长)